文春文庫

拾われた男

松尾諭

文藝春秋

拾われた男

目次

本書は、文春オンラインで二〇一七年四月三〇日から
連載されたテキストに、加筆したものです。

単行本　二〇二〇年六月　文藝春秋刊

DTP制作　言語社

1 拾った男

兵庫県尼崎(あまがさき)市の中の下、もしくは下の上あたりの家庭で生まれ育った少年の将来の夢はタクシー運転手だった。自由に車を流して客を拾い、楽しげに世間話をしながら目的地まで送り、会計の際には数千円の大金をせしめて、札束がごっそりと詰まった手提金庫にその金を納める。そしてまた自由気ままに街を流し、気分が乗らなければ乗車拒否をし、眠たくなれば車を停めて眠り、腹が減れば買い食いをし、好きな時に休憩して煙草を吸う。この世界にこれほど素晴らしい仕事は他にない、と本気で考えていたが、友人から現実を教えられ、またひとつ大人になったはいいが将来の展望もないままに迎えた十七歳の秋。高校の文化鑑賞行事として観た演劇が転機だった。生まれて初めて観る生の芝居は素直に面白かった。ただし内容は憶えていない。だがカーテンコールで全校生徒からスタンディングオベーションを浴びる役者たちの、輝かんばかりの笑顔を見た時の衝撃は今でも忘れない。まさにビビッときた。

「あれやりたい」

とはいうもののどうすれば良いかもわからず、どこで聞いたか役者は食えない仕事という予備知識だけはあったので、大学だけは出といた方が潰しが効くだろうと、一浪して大学に入学、したは良いものの遊びすぎなどの諸事情により、三年間の総取得単位は十八と、足りない頭と家計をいくら捻っても、卒業まで費やす時間と学費が馬鹿にならないことに気づき中退。そして充実したフリーター・ライフを満喫。これでいいのかと思いはじめた二十三歳の秋、とある食事会、つまり合コンに来ていた年上のお姉さんが、関西を代表する某劇団の事務をしているとかなんとかで、恥ずかしくてあまり人に打ち明けたこともなかったけれど、アルコールと下心も手伝って、役者になるにはどうすればいいかを相談すると、彼女は即答した。

「東京行き。大阪でやってても芽出えへんし、東京にはいくらでもチャンスが転がってんで」

　人生でほぼ初めて出会った業界人の言葉をあっさり信じ、二〇〇〇年の一月に上京した。大半の劇団のオーディションは二月に集中しており、まずは超有名劇団から電話したものの、ここで躓く。オーディションを受けるためには願書なるものを事前に提出せねばならず、どの劇団もその締切を十二月末までとしていた。読み返してみると、専門誌にはその旨がしっかりと記されていた。まさに一生の不覚、もしくは必然だったのかもしれない。

　上京早々出鼻を挫かれ、嗚呼あと一年待つのか、ろくに貯金もせずに上京して、金がないな、などと考えていたある日の早朝。自宅の前にある自販機でコーヒーを買い、取り出し口に手を伸ばすと、地面に一枚の封筒が落ちていた。万年金欠病のせいで敏感になった嗅覚はその中身から金の香りを感じとり、手に取り封を開けると、日本航空の国内線航空券が一枚だけ入っていた。さてどうしたものかと考えるまでもなく、日本航空に就職した大学時代の友人に電話をかけた。

「航空券を拾ったんやけど払い戻しできへん？」

「落とし主が紛失届を出してたら、あんた犯罪者になるから交番に持って行き」

「紛失届を出してるか調べられる？」

「交番に持って行き」

持つべきものは友である。最寄りの交番に持って行き拾得物に関する書類に、住所、氏名、連絡先、拾った場所などの項目に記入、最後にお礼を〝望む・望まない〟の欄があり〝望む〟に丸をした。

それから三日後の昼下がり、見知らぬ番号からの着信に応えると、チケットを拾ってもらったお礼がしたいとの女性の声。早速その日のうちに表参道のカフェで待ち合わせをして、お礼を頂きに行った。

五十歳前後のその女性から、ビール券三千円分を頂戴し、すぐ帰るのも無粋かと思ったので、ごちそうになったコーヒー一杯分だけ世間話をした。関西弁に反応して、女性は言った。

「関西の方ですか」

「はい、最近出てきたばっかりで」

「何をしに出てこられたんですか」

「はい、役者になりたくて」

「私、プロダクションの社長をやっているんですよ」

「へえ」

プロダクションの意味がよくわからず「へえ」としか応えられなかったが、彼女は老舗モデル事務所の社長で、チケットを拾ったその縁で、なんのキャリアも美貌も持たない男が事務所に入れた、わけではないが、預かりという所属未満の状態で、なぜかモデルさんたちとウォーキングのレッスンなどを受けながら、アルバイト三昧の日々を送る事になる、というのはまた別のお話で。

2　あぶないおとこ

二〇〇〇年二月。航空券の落とし主のモデル事務所社長と奇跡の初対面を果たし、プロダクションの意味を知ったかぶったまま、コーヒー一杯分の世間話は終わりが近づいた。今後どうするつもりですか、というふうな事を社長が聞くので、三月末に唯一受験可能な某劇団のオーディションが控えていると答えた。

「そのオーディションの結果が出たら教えてくださいね」

彼女はそう言って名刺をくれた。

生まれて初めてのオーディション。会場となる新宿村スタジオに着くと、整理券はイの一番だった。八人一組となり会場へと通されると、審査員席には見覚えのある顔が。あぶないコンビの刑事ドラマに出てた人だ、そうかあの人もこの劇団の人なんだ、あの人好きなんだよな、なんて思っていると、その方が開口一番、

「なんで演劇なんてするの。金にもならないし何もいいことないよ」

とおっしゃった。夢を抱いてここに集まった金の卵たちに、このオヤジはなんてこと言いやがるんだ。こっちは必死で金貯めて、やっとの思いでこのオーディションに来て

んだぞ、クソッタレ。そんな気持ちをなんとか顔に出すだけに留めた。

彼らの挨拶と説明を経て、イの一番の出番となった。山だか海だかに何かがどうしたとかこうしたとかを、どうこうして表現してください、といった課題だったように思う。初めて人前で「表現」をするのに、メソッドも何もあったもんではなく、あるのはとかく思い切り。無闇に大きな声と大きな動きで「何か」を表現した、ように思う。当時の記憶はほぼどこかへ飛んで行ってしまったけれど、スタジオを出た時、それまでの人生で感じたことのない達成感があった。それはよく憶えている。


二週間後、劇団から合否の通知が、思ったよりも簡素な封筒で届いた。結果は不合格。ちくしょうあのオヤジ並びに劇団員のあの名優にあの名優め。あんたたちに師事すると夢見たこの二週間を返せ。そんなぶつけようのない怒りはアルコールできれいさっぱり洗い落とし、翌日、くだんのモデル事務所社長に不合格の旨を伝えると、事務所に来いとの事。

北青山の年季の入った雑居ビルの一室の、こぢんまりとしたオフィスには女性四名がデスクに着いており、あまり状況が把握できないままに自己紹介する関西弁の男を見る彼女たちの眼は、牛乳を拭いて洗わずに放置されたままのボロ雑巾を見るかのようであった。

後になって聞いたところ、社長に落とし物が届いたと連絡があり、警察署に取りに行った折、拾い主がお礼を求めていると聞かされ、国内線の航空券でお礼を求めている事にまず不安があったのだが、怪しんではみても警察からはお礼をするようにと連絡先を聞いているので、渋々拾い主に電話してみると、平日の昼過ぎにもかかわらず受話器の向こうには寝起きの男性の声。事務所内では、そんな危険な男と会うべきではないという意見が多数だったらしい。そしてその男がついに事務所にまで入り込んできたのだ。若く美しい女性が多数在籍するモデル事務所に、五厘刈りの目つきの悪い男が、まだ肌寒い四月の上旬にTシャツで上がり込んできたものだから警戒されないわけがない。

それでも、社長がそんな男を事務所に呼んだのは、本人曰く諸説あるが、最も有力な説は昨今稀に見る昭和顔だったというもの。長年モデル事務所で近代的な美男美女を見てきた彼女にとって、その男の顔は恐らくアヴァンギャルドだったのだろう。余談だが、他の説には「ビビッときたから」というものもある。

プロダクションの意味もよくわからないながらも、なぜ社長に招かれてのこのこ事務所を訪ねたのかは判然としないが、行けば役者になる手がかりがつかめるのではないか、何か仕事がもらえるのではないか、モデルの仕事をお願いされるのではないか、キレイな女の人がたくさん拝めるのではないか、などなど下心があったのかもしれない。もしかしたらただ「ビビッときた」からかもしれない。

マネージャー女史たちの冷淡かつ鋭利な視線にさらされ、これが芸能界の厳しさかと感じつつも下心からヘラヘラしていた危険な男が、二年後には事務所内で大役を担うこととなるのだが、それはまた別のお話で。

3　マイ・ファニー・バレンタイン

上京する半年前、家探しも兼ねて初めて東京の地を踏んだのが一九九九年の夏、大阪でよく遊んだ自称ファッションモデルの杉田を訪ねると、彼は尼崎出身のパンチのある女と北青山のボロいのに家賃十二万もするアパートで同棲していた。役者を志し、半年後に上京する旨を伝えると、二人は応援してくれ、三人で一緒に暮らそうと言ってくれた。どこかで聴いた誰かの歌のような展開だと思いきや、数ヶ月後に杉田から連絡があり、彼女と別れて、それまで折半していた家賃の支払いが大変だから少しでも早く上京してくれとの事。予定より早く上京し、予定よりひと月分多く、予算より二万円高い家賃を払うことになり、雀の涙のような貯金は瞬く間に底をついたが、北青山というおしゃれな土地で家賃六万というのはとても好条件だった。

かくして金欠な男二人の共同生活がはじまった。杉田はオシャレで楽しい男だった。共通の趣味も多く、彼との生活はちっとも苦にならないはずだったが、ふた月もするとお互いの嫌な部分が見えてくる。杉田は小言を言うようになり、言い返そうにも家を追い出される訳にはいかないのでグッとこらえる。そんな先行きが不安な二人暮らしは、春の訪れとともに終わりを迎える。

杉田の高校時代の友人塚本が映画監督を志し、愛媛からやってきた。映画好きの心優しい塚本の同居は渡りに船で、家事も杉田の小言も分散され、そして何より家賃が四万円になった。塚本が加わった三人暮らしは、小言を言う人、言われる人、茶々を入れる人、はたまた文句を言う人、愚痴を言う人、愚痴を聞いてやる人、と柔軟に関係を変化させ、それはまさしく完璧な共同生活だった。あのグループも三人の方がいい曲多かったよねと実感できるようなその関係に亀裂が入りだしたのは、梅雨が明ける頃だった。杉田にY子という女ができた。人形のようなとても可愛らしい女子短大生で、前の女とは真逆の可憐な娘だった。杉田は実家暮らしの彼女をよく家に泊めた。そんな日は、塚本と共に暗黙の了解で数時間外出を強いられ、コトが終わったのを見計らって部屋に戻る。杉田は自他ともに認める性豪で彼女が我が家で朝を迎える頻度は高かった。それなら彼女も家賃払ってくれないかな、と思うほどに。

そんな頃、塚本が恋をした。女性に対して奥手な彼の、とても清々しい恋だった。その恋を杉田もY子も応援し、杉田の親友、赤江も応援した。赤江は陽気で知的、おまけに杉田も認める性豪で、とにかく女にモテた。そんな赤江は応援した舌の根が乾かぬうちに、塚本の好きな女を寝取った。失意の塚本は、誰にも怒りをぶつけることなく、散りゆく落ち葉のように静かに部屋を去った。

塚本が出ていき家賃が再び六万円となったと同時に、Y子の半同棲化はすすむ。恋人たちの季節は独り身の貧乏男には厳しい。バイトが終わって家に帰ると待ち受ける、幸福な二人のピロートークはもはや拷問だった。二人が初めて迎えるバレンタインデー、そんな日はもちろんバイトのシフトを遅番にして、深夜に部屋に帰った。二人はすでに寝ているようだったので、起こさないようにそっと布団に入る。しばらくすると小声の会話が聞こえてきた。内容は、杉田が他所(よそ)でもらってきたチョコレートをどうするのかという話だった。

「あのチョコどうするの」

「食べるよ」

「食べるんだ」

「一緒に食べようか」

「食べるわけないでしょ」

Y子は泣き始める。

「ごめんね、じゃあ捨てるよ」

「もったいないでしょ」

延々と続く他愛のないやりとりで寝るに寝られず、真綿で首を締めるような会話のせいで、生まれて初めてストレス性の胃炎になった。結局そのチョコ論争は、第三者に食べてもらおうという杉田の提案で幕を閉じ、翌朝胃痛を堪えながら、ありがたくいただいた。

　程なくして、杉田にさらにZ子という新しい女ができた。まるで人形のようなとても可愛らしい女子高生で、ポカリスエットのCMに出てきそうな溌剌とした娘だった。ちなみにY子との関係は持続したままだったが、それは決して二股ではなく、Z子と付き合うことになったから、Y子には時期が来たら、ちゃんと別れを告げるのだと辛そうに杉田は言った。

　二人の女が入れ替わり出入りするようになって半月あまり経った頃、時期が来たのか飽きが来たのかわからないが、杉田はY子に別れを告げに行った。帰って来た杉田は号泣し、Y子がいかに素晴らしい女だったかを話した。胃が痛かった。

　桜が咲き始めたころ、杉田から話があった。五月になったら、短大生となるZ子と一緒に暮らしたいと言う。それまで何度となくZ子は泊まっているし、Y子よりは楽しい娘だったので、その申し出を快諾した。しかし杉田はまだ何かを言い出せずにいるようだった。その先は聞きたくなかったので黙っていたが、沈黙に耐えきれず、結局聞いた。

「まさか二人で暮らしたいから出てってくれってこと?」

「平たく言えばそういうことやな」

込み上げてくる怒りに似た感情をグッと堪え、その日のうちに新しい部屋を探し、生まれて初めて消費者金融の世話になり、一週間後、杉田のいない時間を見計らって、静かに引っ越しをした。驚いた杉田は電話で、五月までは一緒に暮らしたかった、寂しい、と言ったが、その腹はZ子が入居するまで家賃を折半したかっただけである。ざまあみろ。

そして一日で運良く見つかった、家賃五万円で二十七平米もある築十年の物件が実は事故物件で、二階建ての二階の部屋なのに天井から夜な夜な足音が聞こえて来て恐怖に怯(おび)える日々を送る事になるのだが、それはまた別のお話で。

4　スウィートホーム

おばけを見たことは一度もなかったけれど、子供の頃からとても怖がりだった。

小学生の時、ゲゲゲの鬼太郎が実在するという話が校内を賑わした。鬼太郎は日本全国津々浦々に姿を変えて出没し、尼崎には爪が異様に長い鬼のような形相の老婆に化けて、夕方になると労災病院の裏の墓地に現れるとの事だった。病院と墓地の間の道は、避けては通れぬ通学ルートで、いつも恐ろしくて墓地の前を駆け抜けて帰った。ある日の登校時、その墓地の角のゴミ捨て場に小学生たちが群がっていた。そこには大量のビニ本と、しぼんだ小さな風船のようなものが数え切れない程捨ててあった。当時はその風船がなんなのかわからなかったが、汚らしく禍々（まがまが）しいものに見え、なんだか恐ろしく感じた。そしてそれは鬼太郎が捨てたものだという事に落ち着いた。

＊

北青山のアパートを出るべく、友人に勧められた中野の不動産屋へ。事情を理解してくれた不動産屋の女性は、すぐに入居できる物件をいくつも提示してくれたが、どれも微妙に条件からずれている、というより家賃が高かった。条件は中野駅周辺で風呂トイレ付き、家賃が四万円前後だったが、少々都合がよすぎたようだ。すぐに見つかるものではないのかと諦めかけた時、壁に貼ってある物件情報に目が止まった。築十年二十七平米1DK風呂トイレ別エアコン完備南向き角部屋、そして賃料七万五千円に斜線がひかれ五万円と訂正されていた。あまりにも条件が良すぎるので訳を尋ねた。

「事故物件です」

聞くと、そこに住んでいた若い女性が、数年前にその部屋で病死したのだそうだ。詳しいことはよくわからないが、突然死だったらしい。その後、知人の同業者が一年以上そこに住んでおり、おかしな事はなにも起こっていないという。

とは言え若い女性が、アパートの一室でひっそりと死を遂げた、そんな恐ろしい部屋に住む事ができるような人間ではなかったのに、内見もせずに即決したのは、杉田へのあてつけがあったからなのか、それとも家賃が二万五千円も安くなった事に目がくらんだ関西人の性（さが）からか。

今住んでいる人が転居する一週間後にすぐ入居できるようにお願いし、室内クリーニングなしの代わりに敷金をタダにしてもらった。

引っ越すまでの一週間のうちに、杉田に悟られぬようにこっそりと荷造りをして、内見はできなかったが外観だけでもと新居の下見に行った。西武新宿線の下井草駅徒歩三分とあったが、実際には十分弱の場所にあった。アパートとアパートの間の奥まったところにそのアパートはあった。名前はスカイハイツ、二階建てである。建物に囲まれてはいるものの、ベランダは南向きで、日照も悪くはなさそうだ。あわよくば住んでいる方に中を見せてもらおうかと思ったが、残念ながら留守のようだった。

翌週、不動産屋から鍵をもらい、その足で部屋を見に行った。前住人が不動産屋という事もあってか、部屋はとてもきれいに掃除されていた。クリーニングが入っていないせいで、特有の真新しさを感じさせる匂いはなかったが、少し人のぬくもりが残っているかのようでホッとした。陽が心地よく差し込み、窓を開ければ風が優しく通り抜けた。文句のつけようがない素晴らしい物件だったが、ひとつだけ気になることがあった。部屋には鏡がひとつもなかった。なかったというより、本来あったであろう場所から取り外された形跡があるのだ。シンク脇の壁、トイレ、風呂場。鏡があったと思われる場所にはうっすらと長方形の跡が残っているだけだった。

一人きりの生活は快適ではあったが、夜は寂しかった。そして本当は怖かった。だからテレビも照明も点けたまま毎夜眠りについた。霊感は全くなかったけれど、すこしでも怖い想像をすると一睡もできない夜もあった。気付けば独言も増えていた。特にトイレで用を足す時はずっと喋っていた。

そんなある日の深夜、ウトウトしていると、何かが走り回るような音が部屋中に響いた。夢を見たのかとも思ったが、子供が駆け回るようなその音は生々しく耳にこびりついた。深夜に帰宅して朝早くに出かける隣人が子供を連れてきたのかとも思ったが、その音はたしかにこの部屋の内から聞こえた。目を強くつぶり、何かがいる、という事を否定するように努めたが、そんな抵抗も虚しく再びけたたましく音が部屋中を駆け巡った。間違いなく何かがこの部屋にいる事実に体が動かなくなった。身近にいるその何かの存在を確認することがとてつもなく恐ろしかった。

数年前にこの部屋で女性が息を引き取った事、彼女はどうして亡くなったのか、どうして鏡が取り外されていたのか、どうして子供の足音なのか。それらを考えれば考えるほど体中の毛穴が開き、恐怖にくいしばる奥歯がキシキシと小さな悲鳴をあげた。そして何かはまた駆けた。次の瞬間、恐怖の限界を感じた本能が反射的に、雄叫(おたけ)びとも悲鳴ともとれるような大声を上げた。

「あああああああああああああああああああああああああああああああああああああ!!」

あまりの大音声(だいおんじょう)に自分自身も驚いて、気づけば泣いていた。泣いている事に気づくと涙が止まらなくなった。一人きりの寂しさと怖さが堰(せき)を切ったように。どうしてこんなに怖がりなんだ、どうしてこんな部屋を借りたんだ、どうして東京に出てきたんだ。情けなくて悔しくて、怖くて寂しくて不安で、色んな感情が大声と一緒に溢れ出た。

翌日は友人の家に泊まり、その翌日は彼を家に泊めたが、何かは現れなかった。次の日、新宿の神社で御札とお守りを買った。その日の夜、そう遅くない時間にまたあいつが駆け回りだした。それまでは気がつかなかったが、音は天井から聞こえてくる。二階建ての二階の部屋の天井から聞こえる足音に恐怖は一層高まり、またも動けなくなった。しかしこの時はその恐怖以上に怒りと悔しさが湧き上がった。

「わああああああああああああああああああああああああああああああああああああ!!」

近所迷惑も考えずに体全体から発した大声が功を奏したのか、音はピタリと止んだ。とは言え心は休まらず、また眠れない夜を過ごす覚悟をした。それから数時間後、再び緊張が走った。それはこれまでのような大きな足音ではなく、小さなカタカタという音だった。音は押入れの上の天袋からで、恐る恐るそちらを見てみると、天袋の戸が小刻みに震え、少しずつ開かれようとしていた。そしてついにそいつが姿を現した。

体長二十センチはあろう大きな鼠だった。そいつはこちらを気にする様子もなく、長押にそって部屋を一周してまた天袋の中に戻って行った。その間こちらは、相手がこの世のものだったという安堵よりも、小さな猛獣が我が家に巣くっているという事に別の恐怖を感じ、身動きもできず、声を出すどころか息もできなかった。

眠れぬ夜が明けた。天袋の奥を確認してみると、天井部分に大きな裂け目ができていた。すぐさま近所のホームセンターに行き、毒餌や忌避剤を片っ端から買い込んで、天井裏に放り込み、ベニヤで裂け目を塞いだ。あいつがその後、どこかへ逃げたのか、天井裏で朽ち果てたのかは知る由もないが、それっきり現れる事はなかった。

脅威は去ったが、怖がりが治ったわけではなく、相変わらずテレビも照明も点けたまま眠ってはいたが、その後この部屋で、更なる地獄を見ることになるのはまた別のお話で。

5　地獄の黙示録

学生時代、大阪ミナミのひっかけ橋こと戎橋(えびすばし)を歩いていると、マイクを持った長髪で髭面の大柄な男性に声をかけられた。関西人なら誰もが知る高視聴率番組の出演者で、自称探偵の男はカメラクルーと共に二十代後半とおぼしき女性を連れていた。話によると、鳥取在住の彼女はこれまでの人生で一度もナンパをされたことがなく、三十になる前にどうしてもナンパをされてみたいがためにわざわざ西のナンパの聖地・ひっかけ橋を訪れたという。

「彼女をナンパしたいと思いますか？」

初めて向けられるテレビカメラとマイクに緊張し、

「思いません」

としか答えられなかった。それが初めてのテレビ出演だった。

*

北青山のアパートで同居していた、映画監督志望の塚本の友人の知り合いに林さんという役者がいて、その知人の助監督が、映画の撮影に向けて出演者を募集しているという。内容は戦争モノで、役は日本兵、条件は二十代で坊主頭との事だった。当時塚本も坊主頭だったが、演技には自信がないからと、坊主頭で役者志望の同居人に話を持ってきた。エキストラではなく、台詞もあるというので、快く引き受けた。ただし演技に自信があったわけではない。

　塚本から林さんを紹介してもらい映画の概要やスケジュールなどを聞いた。林さんは長髪にパーマで、やや強面（こわもて）だが、気さくでひょうきんな人だった。三十代半ばの林さんも、坊主頭にすることを条件に出演できることになったそうだ。

「とにかくわからない事があったらなんでも聞いてくれ」

林さんは笑顔で言った。

　早朝に渋谷に集合して、おにぎりを支給されて、頭を丸めた林さんや他十人ほどの日本兵役の若い役者たちと楽しくマイクロバスに揺られて撮影現場へと向かった。撮影は御殿場（ごてんば）の広大な空き地で行われた。最初のシーンは、砲撃を受けて「うわーっ」と悲鳴をあげつつ逃げ惑うというもので、重く身動きの取りづらい軍服と装具を身に着け、何度も何度も走り回らされた。若者たちは汗だくになりながらも声を張り上げて必死に駆け回ったが、へビースモーカーで二日酔いで最年長の林さんは、泥のような汗をかき、激しい体臭はまるで死体のようでもあり、日本兵としてはとてもリアリティがあった。それを伝えると、「役作りが成功した」と、彼は消え入りそうな声で応えた。

兵隊たちの動きは、髭面で鬼軍曹のような助監督によってつけられた。ちなみにこの人は、スーパー助監督と言われ、後に大監督になる人なのだが、台本を渡されていない兵隊たちに、映画のあらすじやシーンごとの説明を簡潔にわかりやすく説明してくれた。その鬼軍曹が、いつ砲撃を受けるかわからない緊迫した兵隊たちの様子を「コッポラの『地獄の黙示録』のあのシーンみたいに動け」と例えて指示した。恥ずかしながら『地獄の黙示録』を観ておらず、どう動けばいいのかわからなかった。林さんに聞くと、彼も観ていなかったので、少し離れたところからトランジスタメガホンで指示を出す鬼軍曹に聞きに行ってくれた。程なくして、

「馬鹿野郎！『地獄の黙示録』観てないような奴は役者なんてやめちまえ！」

トラメガを通さずとも十分に聞き取れる大音声で林さんは怒鳴りつけられた。戻ってきた林さんは、

「コッポラは『ゴッドファーザー』だけ観とけばいいよ」

と言い訳のようにつぶやいた。

撮影は次のシーンに移った。敵襲から逃れ疲れきった兵隊たちが、薄暗い洞穴の中で、

いつ敵に見つかるかしれぬ恐怖と空腹と絶望を感じながらも味方の助けがあることを願いつつ、次々と倒れていく。過酷な状況の中、すぐ傍らで力尽きようとする仲間に、

「しっかりしろ」

と言うように指示された。初めての台詞である。林さんから、台詞は気持ちで言うんだとアドバイスをもらい、人生で初めての台詞をなんとなくその気になって、大きな声で叫ぶように言った。本番は一発オーケーだったが、終わってみると、ああ言えばよかったこう言えばよかったと自問自答がはじまり、帰りのバスの中で他の役者たちが疲れ切って眠るなか、撮り終わった台詞をぶつぶつと繰り返した。林さんは、監督がオーケーと言ったらオーケーなんだと励ましてくれた。家に帰ってすぐに『地獄の黙示録』を観たのは言うまでもない。


数ヶ月後、映画が完成して関係者だけの試写会が行われた。上映が始まり間もなく自分の姿が大きなスクリーンに映った事に体が強張った。さらに自分の声が館内に響き渡るかと思うと一瞬のうちに体中の毛穴が開くほど緊張した。しかしその部分はカットされていた。正直に言うと、台詞が「しっかりしろ」だったのかどうかは不確かなのだが、台本もなく、カットもされているので確認のしようがない。「死ぬな！」だったような気がしなくもない。

初めての台詞はカットされていたけど、エンドロールに自分の名前が流れた事がとにかく嬉しかった。この作品に携わり、この作品の中にいた事を証明された気分だった。観終わってロビーに出ると、浮かない顔をした林さんがいた。心から感謝の言葉を伝えると、彼は「よかったね」と笑顔で応え、さっさと帰って行った。そう言えば林さんを認識できるようなカットは劇中になかった。その後、彼がどこで何をしているのかは知る由もない。『地獄の黙示録』は観たのだろうか。

初めての映画出演からしばらくして、故郷にごくごく小さい錦を飾りに実家に帰った。大学を中退して役者になるために東京に行くと宣言した時に無言で怒りを示した父に会いたくはなかったが、母に映画出演を電話で報告すると、一度帰って来いと言うし、父にも映画に出演したことを誇りたかった。夕食を共にしたが、もともと会話が少ない父子だったので、どう切り出したものか考えあぐねていると、母が口を開いた。

「あんた、東京でどないしてんの」

「おん、こないだ映画出たで」

「すごいやないの」

「台詞カットされてたけどな、あはは」

東京での生活に少し疲れを感じ、久しぶりの実家のぬくもりと母の手料理が身にしみた。だがその団欒は、父の氷の拳のような言葉によって打ち砕かれた。

「おまえ、そんな事言いにわざわざ帰ってきたんか」

確かにそんな事を言いに帰ってきたのだが、そんな事を言いによく帰ってこられたものだなと言う父に対して返す言葉もなく、無言のまま食事を済ませた。

「ごちそうさまでした」

それ以上の言葉が出ずに、そのまま実家を後にした。

そんな寡黙で厳格な父が数年後、映画館でスクリーンに映る息子の出演カットをデジカメに収め、自宅のパソコンの壁紙にしていたことはまた別のお話で。

6　ゴッドファーザー

中学三年生の秋。高校一年生だと偽って面接に行ったらすぐにバレたが、人手が欲しいから知らないふりをして採用してくれた伊丹のガソリンスタンドが人生で初めてのアルバイトだった。

近所のガソリンスタンドに応募したのに何故か伊丹まで自転車で片道一時間もの距離を通うことになったたし、足元を見られてか時給も五百五十円だったが、初めて手にした給料袋の感触は今でも忘れない。ただその金を何に使ったのかは全く覚えていない。

＊

上京してすぐに運良くモデル事務所に所属、ではなく預かりとなったからといって、華々しい芸能生活が始まるわけはない。モデル事務所であるが故に美男美女向けのオファーが大半で、三の線にはほとんど来ないオーディションを待つばかりの日々を送り、一銭もかせげないまま「役者です」とは言うものの、肩書きだけでメシが食えるわけでもなく、結果アルバイトをすることとなる。

役者にとってのバイト探しは少々面倒で、オーディションや撮影、もしくは舞台のために、休みたい時にすぐに休める職場をみつけなければならない。やっとみつけても、急に休んだり、長く休んだりする事が増えるにつれ職場で疎まれることもよくある話だが、オーディションもほとんどない自称役者にとって、そんな話は無縁である。バイトの面接で落ちることもなく、急に休みを取るどころか、いつなんどきでも仕事に入れるフリーター、もとい役者はどの職場でも重宝された。

選んだ仕事はどれもやりがいがあり、職場の方々は一部を除き面白い人ばかり。つねに二つ以上のバイトを掛け持ちし朝から晩まで働き、そこそこいい給料をもらって、週末になれば朝から朝まで遊んだ。ごくたまにあるオーディションを受けては落ち、週に一回ある事務所のレッスンに行って、なんとなく役者であるという気にはなるものの、いつしかそのレッスンよりもバイトを優先するようになった。東京に来てからほとんど休む間もなくバイトして、遊んで、好きなものを買って、貯金なんてこれっぽっちもなかったけど、多くの出会いがあり、彼女がいない事以外とくに不満のない生活を送っていた。その日々はとても充実していたのだが、いつしか暗闇に落ちていく。

当時は、朝六時に起きて作業現場でタイルを貼り、夜は新宿のレンタルビデオ店で客に愛想をふりまき、仕事が終われば部屋に帰って映画を観つつ就寝。そんな毎日を送っていた。ある日、いつものように部屋に帰り、ソファに横になり映画を観ながら寝るはずが、最後まで映画を観終わり、そしてなおも目は冴えていた。身体は疲れているのに、まったく寝付けなかった。その日に何かがあったわけでも、次の日に遠足があるわけでもないのに、眠気がまったく来ない。眠れなくなると、世の中の事や自分の存在意義など、どうでもいいような事を考えはじめ、そしてさらに眠れなくなった。早く寝ないといけないと思うと余計に眠れなくなり、むしゃくしゃしていると、いつの間にか朝が来ていた。タイル屋の仕事は休んだ。

「オーディションが急に入ったので休みます」

親方に電話すると、

「バカヤロー、頑張れよ」と応援してくれた。

その日から少しずつバイトをサボるようになり、レンタルビデオ店の勤務シフトも少なくしていった。簡単に仕事を休めることに気づき、家で寝てばかりの時間が増えると、その分収入はどんどん減っていく。程なくして家計は赤字に突入し、引っ越しの時に足を突っ込んだ消費者金融の借入限度額を最大に変更した。この頃から部屋でひとりで呑む酒の量と独り言が増えた。

消費者金融から借金するのはとても簡単だった。ＡＴＭはどこにでもあり、その手軽さは、金を借りるというよりも、預金から引き出すかのような感覚だった。収入がないのに危機感はなく、誘われれば遊びに行き、呑みに行く。新譜のアナログレコードやＤＶＤが出ると、惜しみなく金を使った。そしてあっと言う間に借金は限度額に届き、二社目に手を出した。審査はいともたやすく通った。この頃には昼から部屋で酒を呑むようになった。

タイル屋のバイトにはほとんど行っていなかった。当初は言い訳をして休んでいたが、いつからか連絡するのも億劫になり、ずるずると無断欠勤をしていた。親方は口は悪いが人柄がよく、家の食事に招いてくれたり、焼肉をよくご馳走してくれた。そんな人を裏切り続けた。レンタルビデオ店のバイトは、遊び半分と、タダでＤＶＤが借りられるので、週に三日くらいは夜から出勤していたが、ある日、会いたくない人と会ってしまった。その人はタイル屋のバイトを紹介してくれた人であり、親方の娘でもあった。彼女は年は四つ下だが職場では先輩で、たいてい朝番勤務で会うことはほとんどなかったが、その日はたまたまシフトが重なり、休憩所で出くわしてしまった。

「あんたさぁ、最近全然タイル屋の仕事出てないでしょ？」

「あ、ちょっと仕事が入っちゃって」

「知らないけどさぁ、ちゃんと連絡くらいしたら？」

「はい、します」

借金はすでに三桁に届こうとしており、ようやく危機感を覚えた矢先だった。次の日の昼、親方に電話を入れて謝った。

「バカヤロー、明日はいいから明後日（あさって）から来い」

それまでずっと心につっかえていたものが取れた気がしてほっとして、嬉しくなって酒を呑んだ。

次の日、昼過ぎに目が覚めた。かなり久々に酒を抜き、散らかり放題の部屋を片付け新たな気持ちで翌日六時に起きる準備をした。ソファに横になり映画を観ながら寝るはずが、最後まで映画を観終わり、なおも目は冴えていた。昼夜逆転の生活を続けていたせいだ。ただこのまま眠らない訳にはいかないし、まだ時間は九時過ぎなので、寝酒を呑むことにした。近くのコンビニに行き、いつものようにビールを買おうとしたが、財布の紐も固くしめるべきと考えて、安いウィスキーを数本買って少しずつ呑むことにした。アルコール度数でみても、ビールよりも費用対効果が高いと考えたのだ。部屋に帰り、『ゴッドファーザー』を観ながら板チョコをかじりつつストレートでチビチビ呑（や）った。安くてもチョコとの相性は抜群だった。

『ゴッドファーザー』はPARTⅡに突入した。眠るどころかテンションは上がり、ひとりで下手くそな映画評論が始まり、PARTⅢのエンドロールが流れる頃には、窓の外は白み、ボトルは空になっていた。一睡もできなかったどころか、酔っ払っていた。酔っ払っていたので気持ちは前向きになり、開き直って二本目のボトルの栓を開けた。

目が覚めると昼過ぎだった。何かの間違いではないかとまず煙草に火を点けた。冷静になって考える間もなく、とてつもなく大きな後悔に襲われた。また親方を裏切った。お金がないのに、働かないといけないのに、親方は許してくれるだろうか。とにかく電話しないといけない、でもなんて言っていいのかわからない、きっと怒られるだろう、とりあえず呑んで勇気をつけよう、と酒を呑み、気づけば電話できるような時間ではなくなっていた。そしてまた開き直って酒を呑み、昼過ぎに起きて、後悔とともに酒を呑んだ。自分は何をしているんだ、バイトして生活を立て直さないといけないのに、いやそもそも何をしに東京に来たんだっけ。そんな事から目を背けるようにまた酒を呑んだ。呑んで呑んで呑まれて呑んで、呑んで呑み潰れて眠るまで呑んだ。そんな日々は幸いにも長くは続かなかった。

借金の督促(とくそく)電話を無視し続けた結果、レンタルビデオ店にまで電話がかかってきて、とても恥ずかしい思いをしたので、借金を返済するために三社目と契約した。借金を返すために借金をして、生活のためと酒を買うために借金をした結果、三社目も驚くほど早く限度額に達した。そして三社と契約した多重債務者を審査に通す消費者金融はもうなかった。

逃げ出しても取り立ては地の果てまで追って来るだろうし、債務整理をする根性もなかったので、身を粉にして働く事にした。それに伴い部屋でひとりで酒を呑むのを止めようと決心した。ただそれには強い意志を必要としなかった。なぜならもう酒を買う金がなかった。

方南町（ほうなんちょう）にある親方の家に謝りに行った。口癖のバカヤローは出なかったし、事情も聞かれなかった。

「明日から来い」

そう言って晩飯を食わせてくれた。

部屋に帰って泣いた。心底情けなくて泣いた。悲しくて酒を呑みたくなったけど、買う金もないほど借金まみれになってしまった事にまた泣いた。そして役者を志して上京した自分を思い出し、自分の周りの人々の期待や優しさを思いまた泣いた。泣いて泣いてひとり泣いて、泣いて泣き疲れて眠るまで泣いた。

翌朝、六時に起き、準備をしていると親方から電話があった。こんな時間に電話してくる事はほとんどなかったので、不安な気持ちで電話に出ると、親方はアパートの下にいた。

「近くまで来たから乗っけてってやるよ、バカヤロー」

もう裏切るわけにはいかなかったし、生活のためにもサボるわけにもいかなかった。このまま一年間、必死に働けば、借金完済も不可能ではなかったのだが、程なくしてオーディションが増え、役者としての仕事のためにバイトを休まざるを得なくなり、そこに不景気も重なって、タイル屋はついにクビになった。幸か不幸かバイトをするのもままならなくなったが故のなかなか減らない借金との永きに渡る泥沼の闘いの物語は、また別のお話で。

7　な、な、なんと

初恋は幼稚園の時。彼女の名前は忘れたが、スカートをめくる事でしか愛情表現ができなかった。

初めての交際は十歳の時、同じクラスの大島さんというフランス人形のような顔をした美少女だった。

「つきあおーやー」

彼女の方から交際を申し込んできた。

休み時間になると、大島さんをおんぶして校庭にある鉄棒まで連れていき、休み時間が終わるとまた教室までおんぶする、それが彼女とのデートだった。しかし二週間ほどで彼女は鞍替えをした。

中学一年の時、学年でも三本の指に入る古橋さんという美少女に恋をした。彼女はとてもモテるから、好きになったのなら早い内に告白した方がいいと言う友人の清原にそそのかされ、放課後、古橋さんの家に行った。一人ではとても勇気がないので清原についてきてもらったが、古橋さんの住む団地のエレベーターに乗って急に怖気づいた。

「好きや、って言ったら逃げたらええねん」

清原はそうアドバイスをしてボタンを押した。彼は古橋さんの家のインターホンも押し、それに応えた彼女の母親に丁寧に自己紹介して古橋さんを呼び出してくれた。

普段着の古橋さんの可憐さは声を失うほどで、鼓動は銅鑼のように打ち鳴らされた。

「どしたん?」と訝しむ彼女と「ほら」と促す清原。それらの重圧を跳ね返すほど強く、全身全霊で気持ちを伝えた。

「ボクは古橋さんの事が好きです!」

そう言い切って、全速力で廊下を走り、非常階段で一階まで駆け下りた。鼓動は変わらず激しく耳をついたし、返事も聞いてはいなかったけど、大きな達成感を感じた。初めて女性に気持ちを伝える事ができたのだ。

心音が落ち着いたころ、清原が五階から降りて来た。彼は笑ってこう言った。

「『ボクはーっ!』って叫びながら走って行ったから何言ったかわからんかったって」

結局、清原が古橋さんにすべてを伝えてくれたそうだ。

「友達やから」

彼女はそう答えた。人生で初めての告白で、古橋さんの友情は確認できたが、それ以降彼女と話すことはあまりなかった。

＊

上京して一年以上が経ち、独りで過ごす夏は逼迫（ひっぱく）した経済事情のため、それまで以上にひとかけらもロマンスを感じさせないものだった。当時は新宿にあるT屋という大型レンタルビデオ店で働いていた。バイト先としてT屋を選んだのは、好きな映画や音楽に触れられることと、映画や音楽が好きな可愛い女性と知り合えるんじゃないかという下心があったからなのだが、残念ながら配属されたCDレンタルの三階には趣味の合う女性は見あたらなかった。

乾燥しきった秋が過ぎ、迎えた恋人たちの季節。その日は人手不足のため応援要請があり、DVDレンタルフロアの四階での勤務だった。そこに田畑さんはいた。女子大生の彼女は週に三日ほどしか出勤しておらず、顔を合わせることもなかったのだが、T屋にいる可愛い子として名前だけは聞いていた。忙しい時間が過ぎたので、彼女に他愛もないジョークを投げかけてみると、ケラケラと笑った。その笑顔に心を射ぬかれた。

学生時代、中学校で八人、高校で五人、予備校で一人と計十四人もの女性に恋をしたが、そのきっかけのほとんどが、他愛もない冗談で笑ってくれたことだった。田畑さんの笑顔は久々に巡り合った恋の予感だった。

まずは懇意にしていたＤＶＤレンタルのフロアリーダーの南さんと、同じく四階で働く大阪出身の中田という三つ下のお調子者の後輩に、田畑さんの事が好きであると打ち明けた。中田はあれこれとアドバイスをくれ、田畑さんの事を色々と教えてくれた。それによると、田畑さんは彼氏募集中で、好きなタイプは優しくて面白い人、そして彼女を狙う男が他にもいると聞き、これは一刻も早く事を起こさなければならないと焦った。

南さんは非常に頼りになる先輩で、リーダーの権限を使って田畑さんのシフトを教えてくれたり、休憩時間を同じにしてくれたり、あまり忙しくもないのに応援要請を出してくれたりと、おかげで田畑さんとたくさん話す事ができた。

ある日、南さんから、屋上にあるプレハブ倉庫の、重くて大きな什器(じゅうき)の整理を頼まれた。屋上の倉庫は暗く寂しく、一人でいると何かが出そうなので嫌だったが、力仕事のできる従業員がいないという理由で白羽の矢を立てられたのだ。エレベーターで屋上まで行き、恐ろしさを紛らわすために鼻歌をうたいながら倉庫に入り「ああ面倒くさいなあ、腰痛いっちゅうねん」などとやや大きめの声で独り言を呟いていると、視界の隅で動く何かに全身の毛が逆立った。

「お疲れ様」

倉庫の奥には、笑顔でＤＶＤの仕分けをする田畑さんがいた。

南さんの粋な計らいで、ついに田畑さんと二人きりになり、色んな意味でチャンス到来したはいいものの、すっかり浮かれて、大切な時間を冗談ばかりに費やしてしまい、気がつけば彼女の終業時間が近づいていた。この好機に何かを伝えなければ、そう考えると口数が減り、気まずい沈黙が訪れた。学生時代に十四人もの女性に告白してすべてにフラれ「告白の達人」という異名をつけられた男は、もうそこにはいなかった。長いブランクのせいか、一体何を言えばいいのかもわからず、どうやって告白するのかさえわからなくなっていた。もうこのままこの密室で押し倒してしまったほうが楽なんじゃないかとも思ったが、そんな事ができるわけもなく、考えれば考えるほど何も言えず、何もできなかった。

「お腹すいたね」

田畑さんが言った。彼女はよく、お腹がすいた、と言う人で、そんな所も好きだったが、その日のその言葉はいつもとは少し意味合いが違って聞こえた。

「なんか食べて帰らへん？」

南さんのリークにより田畑さんのシフトを把握していた事が功を奏して、その日の終業時間は彼女と同じだった。仕事を終え店の前で待ち合わせをして、近くのファストフード店に入りたくさん話した。話したというよりは自分の話ばかりしていたが、彼女はそれをニコニコと聞き、時にはケラケラと笑った。

夢のような時間はあっと言う間に過ぎ、そろそろ帰らないと、と言う彼女を新宿駅まで送り、道すがらまた話が盛り上がったのでホームまで送り、なおまだ話が盛り上がっていたため、帰る方向が逆にもかかわらず、そのまま彼女と共に小田急線に乗り、最寄の喜多見駅から徒歩十分以上あると言うので、夜道は危険だからと、彼女の遠慮もよそに家まで送ることにした。

住宅街の夜道を二人で歩いた。それは気持ちを伝える絶好の機会だったが「好きだ」という短い言葉を絞り出そうとすればするほど言葉につまった。その時、歩きながらわずかに手と手が触れ合った。ほんの一瞬、手の甲から感じた初めて触れる、温かく滑らかな肌は、心を締め付けていた小さなタガを外した。抱きしめたい、彼女を力強く抱きしめたい、そうは思っても、そんな大胆な事ができるわけもないので、勇気を出してもう一度、手の甲で彼女の肌に触れてみた。それは一瞬だったが、今度は彼女の手の甲が磁石みたいに吸い付く感覚があった。まるで呼びかけに応えてくれた、ように感じた。彼女はこちらを見て微笑んでいた。ごく当たり前のように彼女の手を握った。

手を繋いでからは何を話したかあまり憶えていない。もしかしたら何も話さなかったのかもしれないが、気がつけば彼女の家に着いていたので手を離し、彼女の目を見て、真剣に交際を申し込んだ。微笑みをたたえたまま、少し間を置いて彼女はこたえた。

「友達だから」

　これまで幾度となく聞いた断りの言葉だったが、今回は意味合いが違った。手を繋いだときの彼女の態度は、決して拒んではいなかったように感じたのだから。

「あかん？」

「ちょっと待ってほしい」

　何を待つことがあるのかとは思ったが、あまり食い下がるとみっともないので、そこは爽やかに引いた。そして最後に「待ってるよ」と握手して、軽やかに帰路についた。終電まではまだ時間があったが、幸せな妄想をしながら二時間半の道程を歩いて帰り、部屋に着くと歩き疲れてすぐに眠りについた。上京してから最も幸せな一日だった。

　それからというもの、職場で彼女と交わす言葉や笑顔を、まるで恋人同士のように感じていた。そうして二週間ほどたった頃、彼女からメモを渡された。

「伝えたいことがあるから、休憩時間に屋上に来てほしい」

　休憩時間を迎え、意気揚々と向かった屋上で待っていた田畑さんは、いつになく硬い表情を見せこう言った。

「ごめんね、彼氏ができたんだ」

予想だにしない言葉に戸惑い、何を言うべきか、何を聞くべきか、頭をフル回転して出した言葉は。

「だれ？」

その問いに対して彼女は口をつぐんだ。つぐんだことに戦慄が走った。つまり知っている人間なのかと。

「だれ？　遠藤さん？　有田さん？　まさか後田さん？……もしかして南さん？」

「ごめん、言えない」

強い意志を持って発せられたその言葉は、相手は共通の知人であると言っているようなものであり、そしてそれ以上の追及を許さなかった。

休憩時間も、その日の勤務中もずっと犯人を探した。T屋きっての二枚目遠藤さんなのか、自称二枚目の有田さんなのか、軟派な後田さんなのか、もしかして最も信頼していた南さんなのか。まずは南さんに事のあらましを話した上で問いただすと、馬鹿を言うんじゃないと一蹴された。

次の日も出勤だった。仕事をしに行くというよりは犯人が誰なのか、それだけを探りに行ったも同然だった。地下の事務所で制服に着替えつつ、その場にいた怪しいと思える男性スタッフに、それとなく「知ってますよ」とカマをかけてみたが、「え？」と返ってくるだけだった。

始業の挨拶を終えエレベーターに乗り込むと、お調子者の中田も乗り込んできた。

「おはようございます」といつものごとくヘラヘラとしながら挨拶してきた憎めない男ですらも、その日は怪しく思えて仕方がなかったので、とりあえずカマをかけてみた。

「知ってるぞ」

「ええっ⁉」

「……田畑さんの事知ってるぞ」

「なんで？」

中田は鳩が豆鉄砲を食ったような顔をしていたが、驚いたのはこちらも同じだった。だがその驚きはすぐに悔しさと裏切られた事に対する怒りに変わった。中田の顔面を思い切り殴りつけたかったが、客も乗り合わせるエレベーターでそんな事はできず、極めて冷静を装い、休憩時間に店の前で待つと言い捨て、先にエレベーターを降りた。

休憩になり外に出ると、中田は強張った表情で店の前に立っていた。近づくと、後退(あとじさ)りしながら、蚊の鳴くような声で「すんませんでした」と言った。弱々しく謝る彼を見ていると、こんな男に負けた事が情けなくて、そんな男を殴ったらもっと情けないし、せめて最後くらいは格好つけたかったので、

「大事にしたれや」

と言った。中田はほっとしたように、満面の笑みで「はい！」と答えた。その笑顔を見ると余計に殴りたくなったが、ぐっと堪えてこちらも笑顔を見せてやった。

仕事には全く集中できなかった。頭のなかでは、田畑さんと中田の事ばかり。中田の一人暮らしの部屋であんなことやこんなことをしてるんだと思うと気が狂いそうになった。ただ最後に一目だけでも田畑さんを見たいと四階に行くと、そこにはとても楽しそうな笑顔で中田と話す彼女がいた。心が張り裂けた。そのまま屋上まで行き新宿の夜空に向けて大声で叫んだ。

仕事が終わると、南さんが失恋の特効薬としてイーストウッドの『ガントレット』を薦めてくれた。

しばらくして二人はT屋を辞めた。辞めた理由は知りたくもなかったので聞かなかったが、その冬の終わりに二人が別れたと人づてに聞き、なんだかとても馬鹿らしくなり、もう恋なんてしないと心に決めた。そして迎えた翌年の春、T屋の三階で、人生で最も大切な人に出会ったというのは、また別のお話で。

8　失格人間

何かに選ばれるのは時に喜ばしいことではあるが、自ら求めて選ばれるのは難しい。学生時代に唯一自ら求めて選ばれたのは、高校二年の時、スキー合宿という名の修学旅行の実行委員長だった。しかしこれにはロクな思い出がない。多岐にわたる実行委員長の仕事の中では特に旅のしおりの作成に力を入れたのだが、担当教師の許可もとらずに表題を『雪崩（なだれ）』とつけて三百部刷ったところ、教頭をはじめとする先生方から厳しくお叱りを受けた。

旅の前夜。準備もそこそこに、全校生徒の前で発する出発前の挨拶を遅くまで考えた。迎えた朝、居間のビデオデッキで深夜に予約録画していた海外ドラマ『ビジター』がちゃんと録れているかを確認するため再生すると、ブラウン管には『ビジター』には出てこないブロンドの女性の素っ裸が大映しになった。何が起こったのかわからないながらも反射的に停止ボタンを押した。

「なんやいまの!!」

父の声に即座に言い訳も出ず、「貸せ!」という言葉に抵抗することすらできずに取り出したテープを渡した。部屋に戻って何が起こったのかを整理してみると、どうやら間違ってエロビデオの上から『ビジター』を録画してしまった事までは理解できたが、あまりの事態にそれ以上は考えが及ばなかった。

気の利いた言い訳は何かないかと考えを巡らせるうちに、時間は刻々と過ぎ、混乱したままの荷造りはさらに時間を要し、学校に着くと生徒たちは校庭で整列して実行委員長の到着を待っていた。考えに考えた挨拶の代わりに「遅刻してすんませんでした」と朝礼台の上から謝罪した。

旅行中も常にエロビデオの事を考える羽目になってしまい、考えたところでどうしようもなかったが、とにかくいくつか言い訳を用意はしたものの、どれも無理があった。ただ、冷静になって考えてみると、一瞬見たあのブロンドの女性は知らなかったし、そもそも洋物は持っていない、という事に気がついた。

旅を終え、覚悟をして家に帰ったが、父はそれについて一切言及しなかった。妙に思い、その件を兄に話してみた。

「それお父さんのちゃう？」

兄はさらりと言ったが、西洋かぶれだった彼の言葉はいまいち信用ができなかった。

＊

東京での生活もまる二年が経とうとしていたが、役者としての仕事はほぼ全くしていなかった。モデル事務所に所属、ではなく預かりという立場だったので、モデルの仕事はもちろん来ず、オーディションに行かされた。もちろんモデルのオーディションではない。オーディションといっても様々な種類のものがあるが、当時行かされたのは殆どがテレビ・コマーシャルのものだった。

一つの役のために何十人もの男性、しかも募集要項に〝個性的な男性〟とあるものだから、そこに集まるのは、様々な芸能事務所から派遣される三～五枚目の男たち。そんな男たちと共にオーディション会場の廊下で、長い時は二時間近くも待たされて、その間、会場から聞こえてくる奇声や笑い声、自分の番が近くなると発声練習をしだす人とそれにつられて発声練習をしだす人、謎の呼吸法をする人、オーディションには慣れてますよと余裕風を吹かせている人などなど、その光景はさながら動物園のようである。そんな男たちを横目に、平静を装いながら、その実かなり緊張して出番を待っていた。

名前が呼ばれると、部屋に数人ひと組で入る。監督やキャスティングその他の偉い人の前に立たされると、ビデオカメラを向けられる。

「自己紹介と、何か一言お願いします」

この自己紹介が最大の難関だった。自己紹介をするということは、名前を言わなければばならないのであるが、緊張のせいで早口になり、滑舌（かつぜつ）も悪いものだから、いつも自分の名前を噛んでしまう。そのためオーディションの時はよく、滑舌が悪いのは鼻が詰まっているからだと言い訳するかのように風邪を引いたふりをしていた。

なんとか名前を言えたとしても、その後の「何か一言」というのがまた厄介で、なぜかそこは面白い話をお願いしますね、という暗黙のルールがあり、同じく入室している個性的な人たちもウケを狙った一言を言うものだから、自分だけ「映画鑑賞が趣味です」などとつまらないことを言えるわけもない。待ち時間に考えた一言を、さも今思いついたかのように言うが、大抵ウケず、その時点でこのオーディションは終わったなと痛感する。ちなみに一言で笑いを取れて、このオーディションはもらったと思った時も、やはり落ちる。つまり、ウケてもウケなくても、どちらにしても決まらないのである。

オーディションを受ける時のコツや心得を聞かれる事があるが、そんなものは何もない。おそらく運、もしくは日頃の行いがよければ受かるのだと思う。そしてオーディションを受け始めて三年目、おそらく運良く、とあるＣＭのオーディションに受かった。人生で初めて受かったオーディションだったが、これにはロクな思い出がない。

初めて事務所から「決まりました」という連絡を受け、耳を疑った。嬉しさはもちろんだが、むしろ驚いた。商品となるタイヤの性能を目の当たりにして、十四人の個性豊かな男女が一斉に「おー！」と感嘆の声をあげるという内容で、大勢のうちの一人という役どころではあったが、それでもやはり嬉しくて友人に自慢したら皆喜んでくれた。撮影は朝早くから横浜の大きな倉庫のようなスタジオで行われた。そこで運の良い個性豊かな十三人の方々と初めて顔を合わせると、皆さん気の良い人たちで、初めてのＣＭ撮影にも緊張することなく臨むことができた。

撮影が始まり、倉庫の端で十四人がスタッフの指示のもと一塊となると、なんとカメラに向かって最前列のセンターポジションに配され、気持ちが昂（たかぶ）った。助監督の合図で、スタジオ中央に鎮座するタイヤに向かって「おー！」と声をあげた。恐らく他の誰よりも声にも顔にも気合の入った「おー！」を連呼していたはずだ。テストで「おー！」本番で「おー！」を何度も繰り返し、様々なバリエーションの「おー！」や、配置を変えての「おー！」を半日以上、何十回も繰り返した。しかしこの「おー！」、何度も繰り返すと喉も疲れるし、飽きる。繰り返す内に、声にも表情にも徐々に曇りが出てくるのを感じ、気がつけば最後尾から蚊の鳴くような「ほー」という声を出していた。

タイヤのＣＭだからタイヤが主役なのは当たり前の事なのだが、中央でまばゆい照明を浴びるタイヤに向かって、隅っこから声を出していると、なんだか自分がタイヤよりも下の生物になったような気がしてきてさらに気が滅入った。

撮影は日のある内に終わり、数人の共演者と電車に乗り、当たり障りのない話をしながら家に帰った。

しばらくして、ＣＭがテレビで流れ出した。出来上がりを見てみると、思っていた以上に映っていたが「ＣＭ見たよ」と言われることはなかった。

それから数年後、オーディションでの打率は上がらず、さらには受けるオーディションの数すらも減り、もしかしてこの仕事に向いてないんじゃないかとうっすらと思いはじめた矢先に受けたとあるオーディションが、その後の役者人生を大きく変える事になるというのは、また別のお話で。

9　ザ・シークレット・サービス

　大学時代は某新聞社の大阪本社でバイトをしていた。新聞社といっても配達ではなく、編集局整理部FAXセンターという部署に勤めていた。社員さんから頼まれた書類を地方支局にFAXする、もしくは送られて来たFAXを宛先の部署に持っていく、仕事の内容は概ねそれだけだった。勤務中はとにかく暇で、お菓子を食べつつ漫画を読み漁り、気の向くままに煙草を吸い、長めの休憩時間には大浴場でひとっ風呂浴びて、仮眠室で小一時間ほど眠る。待遇もよく、食事付き、交通費給付、さらに帰りはタクシーチケットまでもらえた。毎日のようにタクシーに乗り、馴染みになった運ちゃんに「お互い楽な仕事ですねぇ」なんて言うと、一緒にするなと怒られた。

＊

　作業現場の粉塵と睡眠不足により肌の調子も悪くなり、役者としてこれでいいのかと思いつつも借金返済のためのバイト三昧が故に事務所のレッスンも遅刻やズル休みを繰り返していた上京三年目。同じ事務所の先輩女優がどんどん売れて、ＣＭや雑誌でもよく見るようになったものの、会ったこともないのでほとんど人ごとのように感じていたある日、社長から珍しく電話がかかってきた。彼女から直々に仕事が決まったなんて言われることはまず考えられないので、恐らく事務所のレッスンをサボったり遅刻を繰り返している事へのお叱りの電話だと思ったが、無視をする訳にもいかないのでうやうやしく電話に出ると、彼女は含みをもたせて言った。

「仕事が決まったよ」

話を聞くために事務所に行くと、もったいぶってなかなか内容を教えてはくれなかった。お得意の悪戯っぽい笑顔をニヤニヤと浮かべて「事務所の命運のかかった仕事」と言う社長に、役者としての仕事ではないのだなと直感した。

彼女は、簡単な審査だと言って、呼ばれればいつでもどこへでも行けるか、バイトはいつでも休めるか、体力には自信があるか、運転免許は持っているかを問うた。全てイエスと答えると「合格」と言われた。

同じ事務所の先輩女優が世間を癒してブレイクするにしたがって、ファンや週刊誌に追いかけられるようにもなり、そろそろ電車移動は限界という社長の判断から、車と付き人をつけることになったはいいものの、事務所のマネージャーは誰一人運転免許を持っておらず、かといってそのタイミングで付き人募集なんて広告を出そうものならファンがこぞって応募してくるだろうから、だれか身近な人間で免許を持っていて暇な、できれば男性はいないだろうか、という訳で白羽の矢を立てられたのだ。社長はさらにこう続けた。

「ラグビーやってたから、もしなにかあれば彼女を守れるし、一緒に歩いていても間違われる事もないからね」

たしかにラグビーをやっていたので多少体は頑丈だったが、どちらかと言えば逃げる方が得意なラガーマンが人を護ることなんてできるのか。それにペーパードライバーがそんな大事な人の運転手をしてもいいのだろうか。一緒に歩いていても間違われることがないということ以外は不安しかなかったが、信頼できる運転手兼マネージャーを採用するまでの短い間という事だったし、なんだか面白そうな仕事だったので、自信満々を装ってみせた。

もう一つ不安だったのは金銭的な条件だったが、社長にその時にやっていたアルバイトの時給を聞かれ、少し多めの金額を言ってみたら、それよりも高い時給を出してくれることになった。

付き人としての仕事は、まずは車を借りることから始まった。事務所が手配する車が届くまで、レンタカー屋で運転しやすい車を借りなさいと社長に言われたので、車に詳しい友人におすすめされたマーチを借りた。視認性が高いという理由で色は赤にしてもらった。

その他に出来る限りの準備をしておこうと、護身術の本と、探偵のマニュアル本、それから浦沢直樹の『パイナップルARMY』と『MASTERキートン』を読み直し、ケビン・コスナーの『ボディガード』を観直した。

初出動は映画の現場へのお迎えで、埼玉の聞いたこともないような地名の畑の真ん中のロケ地へとナビを頼りに向かい、先輩女優を紹介してもらった。社長が、ガサツだが心優しいだとかそんな旨の紹介をしてくれて、和やかな初対面となった。

現場を見るのも役者としての勉強だと社長から言われたものの、ホンネは出演者として来たかったたな、なんてことを考えていると、その映画の主演俳優のマネージャーさんが声をかけてくれた。次元大介のような風貌だがルパンのように陽気な彼に、付き人としての心得を聞くと、初めて行く現場は、絶対に遅刻しないために、前もって一人で車で行ってみるのだと教えてくれたが、その後一度も実践したことはなかった。

その日の撮影は夜遅くに終わり、後部座席に先輩女優を乗せて畦道(あぜみち)を走り出した。現場にいる時や送迎時に気をつけるべきことを聞くと、まだ女優としては新人なので気を遣わなくていいし、現場でもピッタリと側につかなくていいと言ってくれた。それと、現場では名前で呼んでも問題ないが、街中では人目を引いてしまうので、別の呼び方を考えた。下の名前をもじって、ハルコさんと呼ぶことにした。

二週間ほどして、事務所が用意した車が届いた。ピカピカで最新型のワンボックスカーだった。マーチと違って大きいので、ぶつけやしないかと心配だったが、車体の四隅には障害物が近づくと警告音が鳴る装置や、バックする時に車体後方が見えるモニターが付いており、安心して狭い路地もすいすいと運転していたら、センサーのついていない側面をこすった。車が届いて三日目のことだった。幸いその時ハルコさんは乗っていなかったし、そんなに目立つ傷でもなかったけど、修理に出すと、事務所の経理から、次にやったら給料から引くと脅された。ところが数日後、ハルコさんを乗せると緊張感が増したせいで、また同じところをこすってしまった。

「大丈夫？」

と聞く彼女を不安にさせる訳にはいかないので、

「すぐに消せます」

と応え、万が一に備えて用意してあった車のキズ隠しペンでなんとか事なきを得たが、その週末、ペーパードライバーには地獄のような現場にハルコさんを連れて行く事になった。

場所は原宿。オシャレさんやおのぼりさんでごった返す細い路地の奥にある撮影現場まで人気者のハルコさんを徒歩で連れて行くのは大変なので、車で入ってきてくださいとスタッフから言われ、無理です、と言う訳にもいかず、人混みの中でヒンシュクを一身に受けながら、そろりそろりと車を進めた。

「歩いていくよ」

ハルコさんは気を遣って言ってくれたが、中身のないプロ意識から、

「大丈夫です」

と応えはしたものの、ハンドルを握る掌は汗でびっしょりだった。最後の角を曲がると、その先でスタッフの方々が不安そうに到着を待っていた。なんとか着いたが帰りも大変だな、なんてことを思ったその刹那、ねじ曲がるような大きな衝撃音が車内に響いた。車を取り囲む群衆の目線の先をサイドミラー越しに確認すると、まるで罠のように設置された鉄製のポールが車の側面に食い込んでいた。

「大丈夫？」

最早ちっとも大丈夫ではなかった。

「すみません」

そう繰り返しながら、なんとかこの状況を脱しなければと車を前に進めると、さらにポールがめり込み、車体は大きな悲鳴を上げた。ハルコさんは咄嗟の判断で車を降り、徒歩で現場に入ってくれた。

四苦八苦しながら罠から脱出し、現場の近くに駐車して、恐る恐るキズを確認した。それはもうキズと言えるほど生易しいものではなく、人体で例えると、骨に達するまで抉(えぐ)られたような大きな穴だった。

帰りは運転の上手いスタッフの方に大通りまで出してもらった。穴を見たハルコさんは、心にも大きな穴が開いただろうと察してくれたのか、責めることはなく、励ましてくれた。家まで彼女を送り、すぐに車を修理に出した。修理費を聞くと、その晩は眠れなくなるほどの金額だったが、翌日事務所に行くと、お叱り三割、同情七割で、修理費に関しては不問となった。

その後も寝坊をして遅刻したり、駐禁を切られたり、その駐禁の札をつけたまま現場に行ったりして社長からはその都度怒られたが、ハルコさんはいつも優しかった。二度目の寝坊をした時、

「社長に言ったの？　怒られるから言わなくていいよ」

とまで言ってくれた。しかし三度目の寝坊をした時は、

「いい加減にしてね」

と怒られた。

運転にも慣れ、撮影現場の流れもわかってくるようになると、仕事は随分楽になった。

ハルコさんを現場に入れてからは、まずお茶場に行き、お菓子を幾つかポケットに入れて車に戻り、テレビを観ながらお菓子を食べて、一眠りして、正午のアラームで目を覚まし、現場に戻って弁当をもらい、ハルコさんやスタッフの方々と談笑して、皆が仕事をしだすとまた車に戻り、煙草を吸って一眠りし、テレビを観て、それに飽きたらまた現場に戻ってお菓子を食べたりしていた。本来、付き人と言えば、現場に張り付いているものなのだが、ハルコさんは好きにしてていいと言うし、運転に支障をきたしてはいけないので、とにかく現場ではリラックスしていた。

たまにあるオフの日や、仕事が早く終わった日などには、ハルコさんの買い物や食事にも付き合った。代官山のオシャレな服屋で「これどうかな？」と聞かれて「こっちの方がいいですね」なんてやりとりをしている様はまるでデートのようで、もしかしたら週刊誌に写真を撮られてしまうんじゃないかと少し不安になったが、社長が言ったように、そういうことは一度もなかった。

ハルコさんのスケジュールは日に日に過密になった。撮影現場での緊張もあって、あまり表情には出さないながらも疲れているだろうと思い、空き時間には彼女の好きなカフェラテを買って届けたり、健康グッズをあれこれ紹介したり、車内では彼女の好きな音楽をかけたり、ろくに経験もないくせに演技の相談に乗ったりしていると、

「癒し系なんだね」

と言われた。癒しの女王に癒し系と言われるってことは日本で一番の癒し系じゃないかと少し嬉しくなった。惚れっぽい男なら、恋に落ちても不思議ではないが、そういう感情は一切湧いてこなかった。いつも優しくて、いつも美味しいものをご馳走してくれる彼女に対して抱いたのは、恋心ではなく忠誠心だった。運転中や、一緒に行動する時は、とにかく彼女の安全と安らぎを護るべく、細心の注意を払った。

決してハードな仕事ではなかったが、責任感という点においては、今までで最も重い仕事で、長時間の、しかも重要人物を乗せての緊張を伴う運転により身体の各所に疲労がたまり、こんにゃくのようだった首と肩が、三ヶ月も経つと鋼鉄のように固くなっていた。かつてはタクシーの運ちゃんになることを夢見たが、仕事で運転することがいかに大変なことかが骨身に染みてわかった。それ以来、タクシーに乗る時は運転手さんに敬意を払うようになった。

ほどなくして、事務所の入念なる採用面接をクリアして入社した新人マネージャーが新たに運転手として就くこととなり、付き人の仕事は解任となった。給料が良かったわりには、借金はさほど減らなかったが、重い肩こりの代償に得た経験が、その後とある仕事で活かされることとなったとかならなかったとかいうのは、また別のお話で。

10　ジュ・テーム・モワ・ノン・プリュ

中三の時に好きになった子がファンだからという理由だけで、久保田利伸を聴くようになった。久保田利伸の話がたくさんできるように彼のラジオ番組を聴き始めると、おススメする曲が意外にもジャズばかりで、自分の曲を一切流さないのもおかしいなと思いつつもジャズってかっこいいな、大人だななどと思いながら聴いていた。それが久保田利伸に声がそっくりなジャズピアニストの番組だとわかるまでひと月ほどかかったが、ジャズは女の子に振られたセンチメンタルな気分を癒してくれた。

高校に入ると、背伸びをしてサブカル雑誌を読むようになり、そこに載っていた神戸の老舗ジャズ喫茶に行くようになった。大して違いもわからないのに、音が良い、などとうそぶいて、バイト代をアナログレコードにつぎ込み、大学に入るころには百枚を数えるほどになっていた。

大学一年の夏休み、友人の松本くんが家に遊びにきた。松本くんは、音楽に詳しくて、オシャレでルックスもよく、モデルのような彼女がいてクラブでＤＪもしているカッコいい奴だった。彼はうちにあるレコードを見てこう言った。

いくらレコードを持っているとはいえ、DJなんてそうそう簡単にできるわけがないし、松本くんはDJをやるとモテると言うが、それは松本くんがやるからモテるのであって、予備校でも連敗記録をまた一つ更新したモテない男が、DJをやったからといってモテるわけがないけれど、もしかしたらモテるんじゃないかという淡い期待もちらほらと顔を出したので、「自分の持っているレコードを人前でかけるのには興味がある」とまことしやかな理由とともに彼の誘いに乗った。

初めてのDJはほんの一時間ほどだった。ソウルやファンクでフロアを盛り上げた松本くんと交代し、ブースに立ち、お気に入りの一曲、マイルス・デイビスの『ラウンド・アバウト・ミッドナイト』をかけると、熱くなったフロアは一気にジャズ喫茶のような静けさに包まれた。はじめきょとんとしていた客は徐々にバースペースに移動し、各々会話を楽しみ、音楽に耳を傾ける人はいなくなった。結局、三十分も経たずして半強制的に別のDJと交代した。松本くんから、もっと盛り上がる曲も買わないとダメだと指摘され、それからさらにレコードにかける金額が増えたが、DJをする時間も増えた。

DJをやった事で結果的にモテたかというと、やらないよりはモテた。正確にいうと、出会いは増えたし、不相応なくらい可愛い子たちとも仲良くはなれた。そのうちの一人、フランス系のアパレルショップに勤める十九歳のカオルちゃんは、まるでフランス・ギャルのような美人だった。ジャズや映画に興味があると言う彼女に、調子に乗って浅い知識を披露すると、熱心に聞いてくれるので、すぐに彼女のことが好きになった。

そんな折、これさえ読めばワンランク上のオシャレさんになれると信じて購読していた某雑誌が、フランスを代表するオシャレ歌手・俳優・映画監督であるセルジュ・ゲンズブールを特集していた。彼の作品はひとつも知らなかったけど、記事を読むかぎりは、相当にハイセンスなアーティストのようだった。ちょうど彼の映画がリバイバルしていたので、思い切ってカオルちゃんを誘ってみると、とってもオシャレな映画だという誘い文句に乗ったのか、快くＯＫしてくれた。

当日はお昼を一緒に食べて、梅田で買い物をして、これはもうデートだなと、内心ニヤニヤしながら扇町にある映画館へ向かった。映画は、のっけから生々しい濡れ場が展開され、十九歳の女子には少々ハードかもなと少し不安になったら、そこからずっと濡れ場、シーンが変わってまた濡れ場、しかもそれはどんどんアブノーマルなものにエスカレートしていき、隣に座るカオルちゃんが何を考えているかが気になって、ストーリーは頭に入ってこず、洒落た挿入歌は喘ぎ声と悲鳴にかき消された。結局最後までセックスばかりしている映画だった。

劇場を出て、どういう感想を述べるべきかを悩んでいると、カオルちゃんは足を止めずに言った。

「じゃ用事あるから」

「送っていくよ」

「大丈夫」

その間、彼女は一切こちらに視線を向けず、ひとり足早に地下鉄の階段を降りて行った。その背中を見送りながら、映画を観てムラムラしてしまった自分を恥じつつも、ゲンズブールを憎んだ。

*

ハルコさんの付き人を解任され、またアルバイトを再開した。タイル屋の仕事は、不景気の影響もあり毎日こなくていいと言われたので、そのぶんレンタルビデオショップ・T屋での勤務時間を増やし、昼から出勤するようになった。T屋の昼は、客もまばらで、ガラの悪い客も少なく平和で、戦場のような夜とはまるで違う店だった。スタッフの大半も女性で、葬式のような夜の朝礼とは匂いも湿度も違い、挨拶するときに、ちょっとした冗談を挟むと、思った以上にウケるのが気持ちよく、そのせいもあってかなくてか遅刻と欠勤が減った。

そんな時、まるで彗星の如くT屋に現れたのが杉浦さんだった。彼女は誰もが認めるような美少女で、男性のみならず女性スタッフまでもが口々に噂した。美大に通う杉浦さんは、細身で髪が長く、その端整な顔立ちはジェーン・バーキンのようだった。オシャレで美人で少し冷たそうな雰囲気を漂わせる彼女に、心のどこかで苦手意識があったのだが、彼女が働くDVD販売のフロアで欠員が出たから応援に行って欲しいと朝礼で言われた時は、少し心が躍った。

DVD販売のフロアの昼間は特に暇だった。そんなフロアで彼女と二人きりになった。軽く挨拶をした後、こういうオシャレな女子はボサノバなんかが好きだろうと、フロアのBGMにエリス・レジーナのアルバムをかけると、予想以上にひっかかりが良く、初日から音楽の話でとても盛り上がった。話をしてみると、彼女は思ったよりも素直で、静やかながら気立てが良く、はにかんだような笑顔は可愛かった。

それからは、ことあるごとに杉浦さんのいるフロアに顔を出し、彼女を笑わしたりしているうちに、スタッフの間で今度は杉浦さんを狙ってると噂になってるよ、と杉浦さんと同じフロアの山下さんが教えてくれた。たしかにそんな噂が広まってもおかしくないくらい、必要以上に杉浦さんに会いには行っていたが、いくらなんでもあんな美少女を好きになるほど馬鹿ではないという自負があったし、分はわきまえているつもりだった。そのため、杉浦さんのところに行く度に山下さんから茶化されても、そういうのではないと必死に否定はしていたのだが、後になって振り返ってみると、その時点ではもうすっかり杉浦さんの事が好きになっていた。だが当時はその気持ちを自分自身でも頑なに否定していた。

ある日の休憩時間、彼女と話をしていると、銀座の話題になった。杉浦さんは岐阜から上京して数年経つが、未だに銀座に行った事がなく、難易度も物価も高そうなので、行きたくても行けないと言う。銀座はオシャレなお店や美味しいお店がたくさんある大人の街だよ、などと自分の知る限りの銀座の知識を披露したけど、実のところ銀座へは、オーディションで二度と事務所の大先輩に連れられて一度、あとは映画を観に二、三度行った事があるくらいで、オシャレなお店も美味しいお店もほとんど知らなかった。それでも杉浦さんはその話に興味津々だった。

「銀ブラでもする?」

冗談交じりに言ってみると、彼女が二つ返事でOKしたので、銀座で映画を観た後に、食事をすることになった。

銀ブラ当日、三越のライオン前で待合せをした。デートではないので、あまり早く行って待っていると変な勘違いをされるのではないかと思い、ギリギリに着くつもりで家を出たら、地下鉄の乗り換えを間違えて、さらに銀座に着いても出口の多さに混乱して二十分も遅刻してしまった。杉浦さんは、初めての銀座なので早く出たら、早く着きすぎて待ち合わせの三十分前に着いていたそうだ。彼女は怒ったフリをしていたが笑顔だった。平謝りをして、映画のチケット代と食事代を出すと言うと、彼女は、そんな必要はない、と言った。とは言え申し訳ない気持ちでいっぱいだったので、それだけは出させてもらう事にした。

遅刻したせいで上映時間が差し迫っており、早足で劇場へと向かうと、お目当ての映画はチケットが売り切れていた。仕方がないので、始まって二十分経っている別の映画を観ることにした。途中から観たからか、その映画の内容は理解しづらく、しかも長かった。劇場を出てすぐに不手際を謝ると、彼女は、

「ちょっと寝ちゃった」

と冗談めかして笑った。

映画が長かったせいで、日は暮れ、腹も空いたので、銀座をブラブラするよりもまず食事をすることとなった。向かったのは路地裏にある老舗の洋食屋で、上京間もないころに、事務所の大先輩に一度連れて行ってもらった事があった。隠れ家のようにひっそりと佇む、レトロな雰囲気のその店は、ハヤシライスが美味しく、しかも安かったので

銀座で唯一おすすめできる店だった。店の名前は忘れたが、大体の場所は憶えていた。

しかし銀座の街は、同じような路地がいくつもあり、あっちでもない、こっちでもないと歩くうちに、自分たちがどこにいるのかわからなくなってきた。大先輩に聞きたくとも、彼は携帯電話を持っておらず、家に電話をしても不在だった。初夏の銀座の夜はじめじめとして、歩くうちに杉浦さんは額に汗を滲ませ、表情には疲れが見て取れた。道に迷った言い訳をしながら、なんとか気分を和ませようと冗談を言ってはみたものの、彼女は苦笑いを浮かべるだけだった。

歩けども歩けども、その洋食屋は見つからず、焦燥感は高まっていった。ついにずっと黙ってついてきていた杉浦さんが、隠せなくなった不快感とともに言った。

「もうどこでもいいから入らない？」

「そうだね、ごめんね、ごめんね」

謝りながらも、食事代を出すと言った手前、銀座の店に適当に入るには懐事情が不安だし、この期に及んでも、せめて美味しくて雰囲気の良い店に行きたかったので、そういう店が付近にないかと携帯電話で調べてみると、少し歩いた場所に、希望に近そうなイタリア料理の店が見つかった。携帯電話のタイプが古く、地図の読み込みには時間がかかったが、その日はさらに遅く感じた。冷たい視線を背中に受けながら、そこからさらに十分ほど歩いてようやく店を見つけた。夕飯時にしては店内はガラガラで、すぐに席に着く事ができた。ビールとスパゲティとピザを注文したら、思ったよりも早くテーブルに運ばれてきた。ビールは美味かったが、食事はイマイチだった。

ようやく涼しいところで座れて、喉を潤し、空腹を満たした事で、杉浦さんの表情にもほんの少し笑顔が戻ってきた。その様子にビールが進んだ。こんなに可愛い子と二人で銀座に来るなんて、とても幸せな事だとその時改めて思った。いつもなら、このあたりで彼女の事が好きなんだと実感するはずなのだが、彼女は好きになるにはあまりにも可愛すぎた。これまでの経験上、こういう美少女を好きになると痛い目を見るのは明白だった。これはデートではないし、彼女はあくまでも友達である、そう自分に言い聞かせるうちに、アルコールのせいもあってか、杉浦さんにまで言い聞かせた。

「僕が杉浦さんの事好きって噂になってるの知ってる?」

「知らない」

「そんな事ないからね、杉浦さんは友達やからね」

「わかってるよ」

友達であるという事をお互いにしっかりと再認識したことで、その日の不手際に対する反省から解放された気がした。店を出て、帰路についた。「近くまで送ろうか?」という提案を彼女は断り、ひとり日比谷線の階段を降りて行った。

翌々日、バイトに出て、いつもの如くDVD販売のフロアに寄った。杉浦さんがいなかったので素通りしようとしたら、山下さんに呼び止められた。それは小声ながらも強い口調だった。

「あんた何考えてんの⁉」

「え?」

「杉浦さん怒ってたよ!」

「え?」

「デートしたんでしょ⁉」

「いや、デートじゃないです」

「泣いてたんだからね」

「……え?」

「信じられない。あんた自分の顔見たことあんの?」

「え? え? 訳がわからないです」

「知らない、本人から聞けば」

山下さんはもう何を聞いても答えてくれなかった。休憩時間を待たずに杉浦さんに電話をしたが、いくらかけても繋がらなかった。

数日後、T屋に出勤すると事務所に杉浦さんの姿があった。彼女は女性スタッフたちと談笑していたが、そこには山下さんもいて、声をかけるのがはばかられたので、朝礼が終わり、山下さんが彼女から離れるタイミングを見計らってフロアへと向かう彼女の背中に「おはよう」と声をかけた。が、彼女は振り返らなかった。前に回り込み、再び声をかけても、返事がないどころか、視線すら合わせてもらえなかった。ショックだった、恋をしたとも思ってなかったのに、なぜか思い切りフラれた気分になった。訳がわからないながらも確かだったのは、一つの人間関係が消滅してしまったことだった。それ以上に、なんだかとてももったいないことをしてしまったような後悔に近い感覚を覚えた。恋をしていないのに失恋したようなその痛みは、失恋のそれに似てはいたが、その傷はいつものそれに比べ、醜く抉られたようでもあった。

その日休憩時間が一緒だった戸田さんというベテランスタッフにその事を相談してみたところ、女心はわからないけど、そういう時は風俗に行くのが一番だと、バイト終わりに歌舞伎町にあるノゾキ部屋に連れていってくれた。個室にはいり、マジック・ミラーを設えた小窓から、全裸で踊る女性の夢も希望もないような虚ろな目を見ると、余計に気が滅入った。そしてそんな気分でもムラムラしてしまう自分を呪った。

それ以降、杉浦さんと話をすることはもう二度となかったけど、姿をみかける度に、いつも胸に小さな痛みが走った。その話を新人の女性スタッフにすると、彼女はケラケラ笑いながら聞いてくれた。笑い話でもなんでもないのに、そんなに笑われると、なんだか少し救われた気がした。まさにその彼女こそが運命の人だったというのは、また別のお話で。

11　間違えられた男

中学一年の時、好きだった古橋さんがいたので、陸上部に入った。走るのはしんどいので、楽に見えた砲丸投げを選んだが、部長がスパルタで思った以上に練習がきつく、古橋さんにもフラれたので、恐る恐る退部を申し出た。部長は意外にもあっさり認めてくれたが、突然短距離用スパイクで蹴られて、太ももにいくつか穴が開いた。

中学二年になって、仲良くなった友人の勧めもありバスケ部に入部した。女子バスケ部には可愛い子がたくさんいたので、かっこいいところを見せたかったが、練習はやはりキツいし、試合にも出してもらえないので半年でやめた。

高校に入ると、ぽっちゃり体型だったこともあり、ラグビー部から熱烈な勧誘を受けた。汗臭そうな印象のあるラグビー部の人たちは思ったよりも爽やかで、少しいい男だった。だからなのか、『スクール☆ウォーズ』の影響なのか、それともラグビーをやっていた兄に対するライバル心があったのかは今となってははっきりしないが、ラグビー部に体験入部した。練習は楽しく先輩たちも優しかったが、入部届を提出した日から、彼らは鬼と化した。練習は地獄となり、少しでも先輩の機嫌を損ねると、連帯責任で一年全員に、スクワットをさらにハードにしたものを数百回や、両手を壁につき、両足を肩幅に開き踏ん張り、尻を出す体勢で背中に人を乗せて数百秒数える〝姿勢〟なる過酷なノルマが課せられた。中でも最も過酷だったのが、他の運動部が見ている前で、校舎と運動場をつなぐ歩道橋の上に一人ずつ上り、大声で百メートル先の先輩たちを笑わせる〝一発芸〟なるもので、一年生全員が合格するまで終わらない。笑いを取れなかった者は、何度もネタをやらされる。最後まで残った者は合格するまで、泣きながら面白くもないネタを何度もやらされる事となり、夕暮れの中、涙ながらに一発芸をするその姿は地獄の亡者のようだった。全員が笑いを取れなかった場合にはスクワットか〝姿勢〟の罰が追加されるが、全員が合格した事は一度もなかった。筋肉痛で満足に歩けない日々が続いた。

「あいつはすぐに退部する」

中学から知る友人たちがそう言うのが悔しかったので、厳しい練習にも耐えた。そのうちに身体はみるみる筋肉質になり、夏になるころには練習が楽しくなっていた。

花園出場経験もあるラグビー部は、そこそこ強く、夏休みになると、九州の強豪校が集う大分の湯平(ゆのひら)温泉の合同合宿に呼ばれるほどだった。強豪校との合同練習は嘔吐(おうと)するほどつらかったが、夜になると温泉に入れるのはありがたかった。合宿の最終日、二年の先輩と『銀の湯』という共同浴場に行った。風呂上がりに、先輩が更衣室の棚をよじ登ってどこかの高校の女子マネージャーが入っている女風呂を覗こうとしていたので、倣って棚に足をかけると板が外れ、その音に気づいた女子マネージャーが叫んだ。

「なんしよっと⁉」

「ちょっと蛍光灯なおしててん！」

焦って適当な言い訳をしたが、女湯は依然ざわついていたので、急いで宿舎に逃げ帰った。

宿舎に戻ってしばらくすると、不意に監督からの集合がかかった。彼は神妙な面持ちで言った。

「うちの生徒が女風呂を覗いたと苦情があった。『金の湯』に行ったんは誰や？」

なぜ「うちの生徒」だと分かったかというと、覗き魔は関西弁を話したそうで、合宿所には他に関西の学校が来ていなかったからだった。手を挙げるべきかを迷い、一緒に行った二年の先輩を窺うと、こちらを睨んでいるように見えた。その眼光に体は硬直し、いかなる罰を受ける事になるかと想像するだけで失神しそうになった。すると三年のキャプテンが「僕ら『金の湯』に行ってましたが、そんな事絶対にありませんでした」と発言した。エースで二枚目のキャプテンは嘘を嫌い、監督からの信頼も厚い。彼の言葉で、我が校が濡れ衣を着せられたに違いないという結論に達して場は解散した。それにしても、正義感の強いキャプテンが嘘をついてくれるなんてと感動していると、一緒に行った先輩が耳元で囁いた。

「監督、金と銀間違ってて助かったな」

覗き事件があったのは『銀の湯』なのだが、監督は『金の湯』と言った。だから『金の湯』に行ったキャプテンは断固否定したのだった。この件に関して先輩からは厳重に口止めされるにとどまり、合宿の監督会でも不問に付されたようだったが、翌年から湯平合宿には呼ばれなくなり、ラグビー部は弱体の一途をたどることとなった。

その後、辞める事なくラグビーを続けたが、高校最後の大会は下級生にポジションをとられて試合に出ることができなかった。それでも楽しい三年間だった。

ラグビーが好きだったので、大学に入ってからも同好会でラグビーを続けたが、試合にはさほど出ないのに、練習や飲み会には積極的に参加していたので、いつのまにか「ラグビーではなくラグビーをしてる奴が好き」と言われるようになり、果ては同性愛者だと疑われたりもしたが、それもまた楽しかった。

＊

上京してからの肩書きは役者というよりもフリーターの方がふさわしかったが、ＣＭのオーディションはやや増えた。ただしオーディションが増えても合格しなければ意味がなく、急にオーディションに行けと言われてバイトを休み、馬鹿にならない交通費を払って会場に行く事に嫌気がさし始めていたある日、珍しく映画のオーディションの声がかかった。作品の詳細は教えてもらえなかったが、名前を聞くと、好きな監督だったので気持ちが昂（たかぶ）った。

そのオーディションへは事務所から三人が一緒に受けたのだが、そこには監督はおらず、少し気は抜けた。ただ、その分あまり緊張はしなかった。

翌週、事務所から合格の報せを受けた。他の二人の結果を聞くと、一人は落ち、一人は受かったという事だった。

しばらくして、分厚い台本を渡された。あまりの豪華さにくらくらするような出演者の頁をめくっていくと、ぎゅうぎゅう詰めに役名と演者の書かれた中に名前を見つけた。肩身が狭そうに記されてはいたが、台本にしっかりと役名と名前が載っているのは嬉しかった。

役どころは海上自衛官だったので、クランクインの数週間前から撮影所に召集されて、軍事教練なるものを課せられた。敬礼や隊を組んでの歩行などを専門家から教えてもらったが、教練の主たる目的は体力作りだった。撮影所外周のランニングや、腕立て腹筋背筋などの筋力トレーニングは少し体にこたえたが、教練の後に共に汗を流した仲間と調布の駅前で飲むビールは格別だった。

撮影は地方ロケが多く、これもまた楽しかった。皆で風呂に入ったり、安い居酒屋を見つけては呑みに行った。現場では、憧れの監督ともたくさん与太話ができたし、尊敬する大俳優とも話ができた。

撮影現場には待ち時間がつきもので、ある日は五時間以上の待ちがあった。その日は警察官役として大ベテランの俳優さんが一日だけ現場にいらっしゃっていて、関西弁を話されていたので、出身を聞いてみると同郷だった。その方といろんな話をするうちに、待ち時間はあっと言う間に終わり、撮影が始まった。

その日の撮影は、暴力事件を起こした若い隊員たちを警察官が連れて行こうとするところに隊長が来て土下座をするというシーンで、台本には、警察官はリーダー役の人を連れて行くとしっかり記されてあったのだが、大ベテランは本来連行されるべき人ではなく、五時間近く話をした名もなき俳優を連行した。突然のことで心臓が口から飛び出しそうになったが、カットがかかるまではなんとか平静を装った。そのままカットがかかり、現場に「オーケー」の声が響いた。

大ベテランは「間違ってもうた」と悪びれもせず言ったが、とくに問題にもならず、同じく関西人の監督からは「間違ってくれて良かったな。バッチリ映ってるで」と言われた。

軍事教練の時間も含めて、その現場は楽しいことだらけだったが、一つだけ気になる事があった。同じ事務所からオーディションで選ばれて出演した狩野（かのう）の事だった。彼とは歳も近く事務所のレッスンも一緒なので気心が知れているはずだったのだが、現場ではあまり会話がなかった。呑みに誘っても来たためしはなかったし、撮影中も会話の輪にはあまり参加せず、監督との与太話にも入っては来なかった。彼の事が少し気になりながらも、そのまま撮影は終わり、日を置いて打ち上げが行われた。豪華な一次会を経て二次会に向かう最中、狩野に声をかけると、二次会には行かないと言う。そんな彼を酒の勢いもあって、打ち上げで色んな人と話すのも大事な事なんだと忠告した。すると彼は冷めた目で言った。

「あんたは映画よりも、映画を作っている人が好きなだけでしょ?」

たくさん映画を観ていたし、映画好きだという自負があったが、そう言われてみるとたしかにその通りだなと腹もたたなかった。考えてみると、撮影現場で緊張感もなくベラベラ喋くっている男を真面目な狩野は気に食わなかったのかもしれない。

あくる年、映画が完成して試写を観に行った。監督が言ったように、例のシーンでは大ベテランとともに緊張感たっぷりの男が大映しになった。とても恥ずかしくて直視できなかった。スクリーンに自分の顔が映るのは恥ずかしかったが、ただやはり、少し嬉しかった。

上映が終わり、スタッフや、共演者の方々と挨拶をしていると、例のシーンで本来連行されるはずだった人が声をかけてくれた。

「おいしかったね」

そうは言ってくれたが、なんだか申し訳ない気持ちになり、どう返していいかわからずそそくさと会場を後にした。電車に乗って例のシーンを思い返すと嬉しさがどんどんと溢れてきた。

バイトを休んで撮影に臨み、ギャラはびっくりするほど安かった上に、共演者と呑み代がかさんだことで、減り始めていた借金がまたも膨らみはしたが、いろんな人と話ができ、いろんな場所に行けたことは何にも代えがたい体験だった。後から知ったことだが、父が、この作品を劇場で観ながらデジカメで大映しになった息子の写真を撮っていたと母から聞いた時は、気恥ずかしくも少し認められた気がして嬉しかった。

しかし、当然ながらモノを作る現場は必ずしも楽しいことばかりではない。数年後にとある撮影現場で、監督から満座の中でこっぴどく怒号を浴びせられ続けて、滝のような汗をかき、脳味噌が溶けて悟りの境地に辿り着いたというのはまた別のお話で。

12　雪が降った日

　中学一年の時、野本という学年で一番可愛いと言われる女子と仲良くなった。どういう経緯だったのかはっきり憶えてはいないが、同じクラスで同じ班になったことと、血液型が同じＡＢ型だったからとか、それもあってかなくてか、考え方もよく似ていたからとか、特に大きな理由もなく自然と仲良くなった。親友と呼べるほどだった。本来ならそんな美少女と仲良くなって、恋心を抱かないはずはないのだが、血液型信者の彼女はいつも、ＡＢ型同士は友達としては最高の相性だけど、恋人となると最悪の相性になる、と言い、彼女の考えにいつの間にか洗脳され、彼女とはずっと親友だった。

　好きな娘ができるたびに、野本は相談に乗ってくれて、そしてフラれるたびになぐさめてくれて、連敗記録を更新するたびに励ましてくれた。

「ええ男やと思うけどなあ」

　と言う彼女に、

「じゃあ付き合って」

　と冗談半分で言うと、

「ＡＢ型やからあかんわ」

いつもそう返された。

「あんたは大人になったら絶対にええ人みつかるよ」

彼女はよくそう言ったが、いつになったら大人になるのか分からないまま、長く寒い思春期を過ごす事となった。

*

映画やドラマにほんのちょろっと出たくらいでもちろん調子に乗れるはずはなく、バイトする時間を削っても、雀の涙のような出演報酬しかもらえないのに、それ以上に飲み代には惜しみなく金を使うが故に、減りつつあった借金がまたも膨らみはじめ、電気やガスを止められても慌てなくなった上京三年目の冬。大作映画の撮影を終え、レンタルビデオ店T屋でのアルバイトを再開すると、映画好きが多く勤める店だけに、ほんの少しだけ有名人のような扱いになり、現場での話をあれこれと聞かれたり、自主映画の出演オファーを受けたりしてほんの少しだけ調子に乗ってしまい、偉そうに役者論なんかをぶってみたりしたが、結局金がないので、バイト三昧の日々を送っていた。

そんな折、T屋の同じフロアに新人の女性アルバイトが入店した。沖縄出身の彼女は、南国の燦々（さんさん）とした太陽を浴びて育ったのであろう、いつもニコニコして、誰に対しても明るく、仕事に対しても一生懸命なのだが、世間知らずで、少し抜けたところがあり、そういうところも含めてスタッフからの受けが男女問わず良かった。

ある日の休憩時間、煙草を吸いに店外に出ると、通りを挟んだ向こう側で彼女が座って缶コーヒーを飲んでいた。彼女が大都会のど真ん中で地べたにあぐらをかいて座っていた事に少し驚いたが、立ちっぱなしで疲れたから座っているのだという彼女の答えに納得したので、同じく隣に腰をおろした。雑踏にあぐらをかくと、こちらには無関心に行き交う人々の足しか見えず、なんだかとても居心地が良かった。

彼女とは勤務時間が重なることが多く、休憩時間を共にすることも増え、その度にその場所で地べたに座っていろんな話をした。彼女は年が六つ下の酉年だとか、荻窪の姉の家に、同じく沖縄から上京してきた彼氏とともに居候しているだとか、上京してまだ半年ほどで、東京の人混みと路線の多さが恐ろしくて電車に乗れず、ホームに立ち尽くして泣いただとか、未だに電車に乗るのが怖くていつも泣きそうになるだとか、洗濯機の水を出しっぱなしにして家中水浸しにしてしまっただとか、おちょくり甲斐のあるエピソードをたどたどしくも一生懸命に話してくれた。おちょくられる度に彼女はプリプリと怒りながら、

「なんでやねん」

と返しては来るが、その関西弁が下手くそなところもまた面白かった。

彼女は自分の話も一生懸命するが、人の話も一生懸命聞いてくれるので、役者になろうと思ったきっかけだとか、酒で人生をダメにしかけた話だとか、学生時代に十四人に告白してすべて振られただとか、東京に出てからの恋愛話から失敗談まで、言わなくてもいいような話までベラベラと話した。彼女はそんな話に、時にはケラケラと笑い、時には本気で同情してくれた。ここまでくると惚れっぽい男は恋に落ちてもおかしくはないのだが、そういう感情は全く湧いてこなかった。もちろん彼女には同棲している男もいるし、それに彼女の血液型はＡＢ型だった。

彼女は音楽が好きだったので、音楽の話もたくさんした。ちょっと格好つけようと、ＤＪをしていたのだと話すと、彼女は思った以上に食いついた。家にＤＪの機材があるだとか、レコードを何千枚持っているだとか、大して上手くもないくせにスクラッチの説明なんかをすると、彼女はみるみる目を輝かせ、「家に行ってみたい！」とでも言い出すのかと思いきや、

「わたしもＤＪやりたい！」

と予想外の事を言い出した。

ＤＪの機材はかなり高額だし、レコードも買い続けるとお金がどんどんなくなっていくからやめたほうが良いと説得してみたが、彼女の意思は固かった。

休憩が終わり、勤務シフトを確認してみると、その週末は二人とも休みだった。その日は二十七回目の誕生日で、夜にハルコさんが旨いものをご馳走してくれる事になっていたので、昼間ならと断って、渋谷の機材屋とレコード屋に行くことにした。

当日。彼女の家に迎えに行きがてら、部屋に上げてもらい、機材を置くスペースがあるかを確認した。古いマンションだったが、部屋はキレイに片付けられていて、男と同棲しているとはいえ、女の子らしい部屋だった。あまりにも久しぶりの女性の部屋の匂いに頭がクラクラした。見回すと、細々と小物の置かれた洋服ダンスの上に立てられた、笑顔で寄り添い写る彼女と背の高い男の写真が目に入った。男は背が高くがっちりとした体格のいい男で、プロボクサーのライセンスを持つスポーツマンだと彼女が言うのを聞いて、正気を取り戻した。下見の結果、部屋が狭かったので、ＤＪ機材はその洋服ダンスの上の小物を片付けて置くことになった。部屋を出る時、木製のドアのちょうど目の高さあたりに、こぶしほどの大きさに空いた穴が目に留まった。おっちょこちょいの彼女が頭でもぶつけたのかと、冗談交じりに聞くと、彼女はいつになく表情を曇らせて、

「ちょっとね」

と言うだけだったので、それ以上は何も聞かなかった。

荻窪から中央線に乗って、まず新宿のレコード屋に寄った。そこでざっとレコードを漁って、また新宿駅に戻る道中、大崎さんというT屋の女性スタッフが、アルタ前で誰かと待ち合わせをしている風に立っていた。大崎さんも同じく関西出身のＡＢ型で、妙に気の合う人だった。声をかけると、少し驚いたように「デートですか？」と言うので、二人して「いやいや」と事情を説明した。大崎さんは両親が東京に遊びに来るので待ち合わせしていると言い、聞きもしないのに、両親の仲がとても良いことを話してくれた。そこで少し気になったので聞いてみた。

「ご両親は血液型なに型？」

「二人ともＡＢ型なんです」

その答えに少し驚いた。

新宿を後にして渋谷に向かい、数軒のレコ屋をはしごすると、慣れない都会歩きに疲れたらしく、一休みしたいと彼女が言うので、行きつけだった喫茶店に入った。その店はさほど広くもなく、薄暗い店内はごくごく質素だったが、テーブルに置かれた赤いランプがうっすらと店内を照らしていて、まるで隠れ家のようなので気に入っていた。彼女は初めて歩く渋谷の路地裏、その先にあるレコ屋、そして隠れ家のような喫茶店、その全てが刺激的だったようで、店の雰囲気を壊さないように声を落としながらも嬉々として喋りまくった。

喫茶店を後にして、いよいよ機材屋へと向かった。DJの機材は最低でもターンテーブルが二台とそれをつなぐミキサーが必要で、十万近くする買い物になる。彼女はこれまでこつこつと貯めた貯金を叩(はた)いてその金額を支払う事に緊張し、店に近づくにつれて口数が少なくなった。

機材屋は渋谷の中心部の古い雑居ビルの三階にあった。何十年も稼働しているような年季の入ったエレベーターに乗り込み、三階のボタンを押すと、仰々しいモーター音を鳴らしながら、ゆっくりと上昇した。

三階に着くまでの間、会話はなく、モーター音で満たされたエレベーターの中で何かを考えていたわけでもなく、なかなか次の階に移らない階数表示を見るでもなく見て、何の気もなく目の前に立つ背の低い彼女に視線を落とした。その瞬間だった。周囲が無音となると同時に、強い電気ショックが全身をつらぬいた。

それはほんの一瞬で、突然の事でただただ驚いたが、再び視線を彼女に戻すと、急激に心臓の鼓動が激しくなったことに更に驚いた。なぜそうなったのか理解できなかったし、彼女は静かに前を向いているだけだった。まるで魔法にかけられたかのようだった。

妙に長いこと乗っていたように感じたエレベーターが三階に着き、振り返った彼女の顔を見ると、心拍数が一気に高まったが、それを彼女に悟られる事を恥ずかしく感じた。突如としてある感情が心に芽生えた事が理解できなかったので、努めて冷静を装って買うべき機材を案内した。彼女はもはや躊躇することなく高額な機材を購入した。目的を果たし、あとは帰路につくだけだったのだが、他にも紹介したいレコード屋があるとかなんとか言って、さらにレコ屋へと連れて行った。一緒にレコードを漁ったり、ヘッドホンをつけて店内で試聴する彼女を見るたびに、心に芽生えた感情がどんどんと大きくなり、はっきりと、彼女の事が好きだという事に気づくのにそう時間はかからなかった。ただその気持ちは、これまでたくさんの女性に抱いた恋心とはまったく違った。それは、彼女と交際したいだとかそういう願望ではなく、ただただ、好きだという気持ちを伝えたい、それだけだった。彼女には交際している彼氏がいるし、その気持ちを伝えたところでどうなるものでもないとはわかっていたが、彼女を好きだという気持ちは分刻みで大きくなっていった。

レコ屋を出ると、日は傾き外は急激に冷え込んでいた。ハルコさんとの約束まであまり時間がなかったので「じゃあそろそろ帰ろうか」と言うべきだったのだが、「ちょっと飲みに行こうか」と思い切って誘ってみると、お礼と誕生日祝いをかねてご馳走させて欲しいと、笑顔で応えてくれた。ハルコさんには、少し遅れると連絡を入れた。

近くのチェーン店の居酒屋に入ると、開店直後の店内に客はほとんどおらず、掘りごたつの四人がけの席に案内された。空いているにもかかわらず、店員から二時間制であると告げられたが、彼女も長居はできないと言うし、ハルコさんとの待ち合わせまで一時間を切っていたので問題はなかった。

向かいに座る彼女の顔を改めて見ると、からだの中で好きという気持ちが爆発しそうになった。すぐにでも気持ちを伝えないといけない気がした。それはまるで、自分の思考よりももっと別のところから急き立てられているかのようであった。店員が生ビールを二つ持ってきたので、乾杯をし、それを一気に飲み干して、また彼女を見た。一時間以内に気持ちを伝えようと決意した。

決意をしたとはいえ、唐突に「好きです」なんて言う勇気はない。どう切り出すべきかを考えても答えは出ないので、酒の力を借りようと、日本酒の熱燗を二合注文して呷るように飲んだ。彼女は向かいに座る男の心情の変化に気づく様子もなく、ビールをちびちびと飲みながら、なにかを楽しそうに話していたが、その話はほとんど頭に入ってこなかった。二合の熱燗を飲み干したら、思いのたけを彼女にぶつけるつもりだったが、目の前にある徳利は、まるで穴が開いていたかのように、あっと言う間に空っぽになっていた。その程度の酒量ではまだ背中を押すには弱く、とても告白できる気がしなかったので、おかわりを注文して仕切り直しに便所に立った。

便所の鏡に向かって、彼女に対する気持ちの強さを問い、再確認し、この燃えるような気持ちを必ず彼女に届けるのだと誓って席に戻ったが、腰を下ろして彼女に面と向かうと、便所で立てた誓いはもろくも崩れ去り、そしてまた呷るように酒を呑んだ。それから三度、二合の徳利を空け、便所へ行き、誓いを立てて席に戻るも伝えることができず、彼女との会話を楽しむように装いながら、また酒を呑む、という行動を繰り返したころ、店員から、そろそろ二時間が経つと告げられた。

もう時間はなく、これを逃せば二度とチャンスは巡ってこないだろうと、再び意を決して便所へ向かおうとしたら、彼女は、

「お腹壊してるの？」

と心配してくれた。

便所の前で携帯電話を確認すると、ハルコさんから何件も着信が残っていた。電話をかけると、ハルコさんは怒るどころか、何かあったのではないかと心配してくれた。詳しく話せないが、いま、人生で最も大事な局面に立たされているので、もう少しだけ待って下さいと頼むと、ほろ酔いらしきハルコさんは「東北沢の寿司屋で待ってるよ、早くこないとなくなるよ」と茶目っ気たっぷりに電話を切った。もう一刻の猶予もなかった。

便所に入り、同じように鏡へと向かった。かなりの量の酒を呑んだにもかかわらず、全く酔ってはいなかったが、顔は赤みを帯び、目は少し血走っていたので、冷たい水で

顔を洗った。今度こそ、ただ、「好きだ」という気持ちをとにかく伝える、それだけだと心に強く念じた。シャツで顔を拭き、鏡に向かって「よし！」と叫んだ。便所には数人の客がいたが、そんなことは気にならなかった。

二時間前にくらべて店は混んでいたが、便所から戻るその視界には、彼女しかいなかった。席に戻ると、緊張のせいで、掘りごたつなのに思わず正座をしてしまった。

「どうしたの？」

と言った彼女の目を見つめた。この視線を外したら、すべてが終わってしまうような気がして、見つめ続けた。おそらくそれはほんの数秒だっただろうが、とても永い時間のように感じたのを覚えている。

「ぼくは、あなたのことがすきです」

少しだけ時が止まったようだった。言った、というよりは、まるで口から魂が飛んで行ったかのようだった。再び時が動き出すと、彼女はほんのわずか、驚いたような顔をしたが、その瞳がみるみる潤み始め、ボロボロと涙を流し始めた。なにかとても悪い事を言ったんじゃないかと、急に不安になり、思わず、

「ごめん」

と言うと、彼女は首を振って、

「うれしい」

と言った。

その言葉を聞いて、今までの緊張が一気に弾け飛んだ。嬉しくて飛び上がりそうな気持ち半分、涙を流す彼女に申し訳ないという気持ち半分で、今までが嘘のように口から言葉が溢れ出し、自分でも何を言ってるのかわからないほど喋った。必要以上に多くの言葉で、一方的に気持ちを打ち明けたことを謝罪し、それを聞いてくれたことに感謝した。

驚かせてしまって申し訳なかったからと、飲み代は出すことにした。会計を済ませて外に出ると、雪が降っていた。沖縄出身の彼女にはそれが人生で初めての雪だったらしく、とても感動していた。

駅まで送ると言うと、雪の中を一人で歩きたいと彼女は言った。別れ際、突然告白してしまったことを改めて謝罪した。彼女には交際相手がいるのは承知しているし、決して横恋慕するつもりではなく、ただただ好きだという気持ちを伝えたかっただけではあったが、それはともすれば、ひどく自己中心的な考えであることに気づき、それについても謝罪した。謝ってばかりだったが、それでもしっかりと気持ちを伝えることができて嬉しかった。彼女も、驚かされたことにプリプリと怒りながら、

「とてもうれしかったよ」

と笑顔で言った。

最後にもう一度好きだという気持ちを伝えて、駅へ歩く彼女を見送ってから、タクシーに飛び乗って東北沢に向かった。そのあたりから、体内に蓄積されたアルコールが一気に脳まで駆けあがったらしく、記憶は断片的にしか残っていない。後から聞くと、ハルコさんと合流して、その日あった事を興奮気味に話して旨い寿司を食ってさらに酒を浴びるように呑み、泥酔していたので、家まで車で送ってもらった、らしい。記憶はほとんど曖昧だったが、その車内で、急に吐き気を催し、中野坂上の交差点付近で降ろしてもらい、植え込みかなにかに、その日呑んだ酒や食べた寿司とともに二十七年間生きてきて少しずつ溜まったヘドロのようなものも一気に吐き出したのはよく憶えている。それは生きてきた中で最も気持ちのいい嘔吐で、とてもすっきりしたので、大の字になって一人大笑いした。

翌週、彼女といつものようにT屋で顔を合わせたが、まるでなにもなかったかのように、楽しく話をした。その時はそれで良かったのだが、数週間後に、彼氏と別れた事を告げられて、事態は大きく急変し、それにともない修羅場に巻き込まれることになったというのは、次のお話で。

13　強く雨が降った次の日

ともちゃんと出会ったのは大学二年の時だった。おしゃれさんが集まるパーティーにおしゃれさんぶって遊びに行ったら、おしゃれさんたちの会話がちっとも面白くなくて退屈だなと感じていた時に友人に紹介されたのがともちゃんだった。ともちゃんは服飾のデザインをしていて、ややアヴァンギャルドな格好をしてはいたが、中身はチャキチャキの関西人で、ボケに対するツッコミのキレのよさは抜群だった。それからずっと彼女と話をして、とても楽しい夜となり、あまりにも楽しかったので、また会う約束をした。日をおかずして再びともちゃんと会った時には、すっかり彼女を好きになっていたので、思い切って告白した。ともちゃんには付き合っている男がいると聞いてはいたけど、その男の話を聞けば聞くほどろくでもない男だったので、

「俺が絶対に幸せにしたる」

と猛烈にアタックすると、彼女もその熱烈な気持ちを受け止めてくれた。そこから学生生活において最も幸せな五日間を過ごしたが、六日目、ともちゃんは元カレのところに荷物を取りに行ったきり、そのまま戻ってこなかった。八日目にやっと連絡があり、心斎橋筋商店街のドトールの二階で、別れを告げられた。思った通り元カレのもとに戻

ると言うので、恥も外聞も捨てて泣きに泣き、「いやや、いやや」とすがりついた。「あんたは太陽のような人やけど、あの人は月のような人やから、私がついてないとあかんねん。あんたは一人で大丈夫」

全く納得できない言葉を置いてともちゃんは店を出た。それから一人、ドトールで泣き、家に帰ってまた泣き、次の日ラグビー同好会の連中とスノボに行くバスの中で、また泣いた。皆に慰められ、励まされ、やけっぱちになってゲレンデで手当たり次第ナンパしまくった。釣果はゼロだったけど、少しすっきりして、またひとつ大人になったのだと感じた。

＊

渋谷で運命の告白をした二十七歳の誕生日から二週間ほど経ったころ、彼女はバイトを休みがちになった。心配してメールをすると、話したいことがあると言うので、吉祥寺で会う約束をした。話の内容は記されていなかったし、野暮かと思い聞きはしなかったが、吉祥寺へと向かう足取りはどこか軽かった。

彼女が暮らす荻窪からも近く、おしゃれで味な店も多いので吉祥寺を選んだのだが、初めて行く場所で土地勘もなく、しかも金もないので、駅前のチェーン店の居酒屋に入った。渋谷の居酒屋で告白をしてからも、バイト先でそれまでと変わることなく会話を交わしてはいたが、改めて二人きりで話すのはあの日以来だった。あの日ほどではなかったが酒のペースは早かった。

店に入ってしばらくはとりとめのない会話が続いた。〝話したいこと〟が何なのかは気になりながらも、そのとりとめのない会話が楽しくて、彼女が切り出すのを待つことにした。だがいつまで待っても彼女からその話は出てこず、気づけば終電の時間が近づいていたので、店を出た。外に出ても何かを話す素振りすら見せない彼女に聞いた。

「話したいことって何やったん？」

彼女は驚いたような表情を見せ、答えた。

「楽しかったから言うの忘れてた」

それはそれで嬉しかったのだが、再度尋ねると、立ち話でするような話ではないと言うので、もう一軒行くことになった。終電を逃すことになるので、朝までやってる居酒屋を探すことになるのだが、また居酒屋というのも金銭的に危ういので、朝までやってるドーナツ屋でずっと喋ってようかな、などと考えていると、彼女が店の向かいのカラオケ屋を指した。実はカラオケなんて大嫌いだ、と伝えても彼女は有無を言わせず店に入って行くし、飲み放題でお値段も随分と良心的だったので、仕方なく後に続いた。

個室に入って酒を注文すると、彼女はさっそく歌本をめくり出したので、それを制して、改めて尋ねた。途端、彼女の顔からコロコロした笑顔は失せ、〝話したいこと〟は二つあると言った。一つは、T屋のアルバイトを辞めるという事だった。せっかく東京に出てきたのだから、色んな事がしてみたいと彼女は言った。少し寂しい気もしたが、それよりもう一つが気になったので、せっかちは承知で聞いた。彼女は呼吸を一つ置いて、はっきりとこう答えた。

「彼氏と別れた」

アルコールのせいもあってか歓喜の声が喉元まで一気に上がってきたが、どこか悲しげにも見える彼女を見ると、それは尻のほうからスーッと抜けていった。そのまま元カレとの思い出をぽつぽつと話す彼女に、うん、うんと応え、話を聞いてあげることしかできなかった。彼女は泣いていた。

話を終えた彼女は、しばらくの間と、大きなひと呼吸を置いて、何かを吹っ切るかのように、

「歌おう！」

とマイクを握った。

元カレとの思い出でもあるかのような曲を泣きながら熱唱する彼女を見ていると泣けてきて、勝手に気持ちを告白したのが、なんだか悪い事をしたような気もしてきた。それでも好きだという気持ちに嘘いつわりはなく、しかもあの日よりもさらに強くなって

いると気づき、それを届けたいと、ドーナツ屋に入ろうと思ったあたりから頭のなかでグルグルと鳴っていた曲を入れ、下手くそなりに一生懸命に唄った。その歌詞は思った以上に心に響いて、唄いながら涙が溢れてきた。彼女はさらに号泣していたので、マイクを握ったまま声をだして泣いてしまった。二人してわんわん泣きながら酒を呑んで歌を唄い、いつの間にか始発の時間を迎えて、いつの間にか二人で電車に乗り、いつの間にか荻窪の彼女の家まで送り、家の前で彼女を抱きしめた。

昼過ぎに携帯の着信音で目を覚ました。どうやって家に帰ってきたのかもはっきりしないながら、前夜の事を思い出し、楽しかったような恥ずかしかったような気持ちでいっぱいになった。もしかして夢だったんじゃないかと少し不安になって携帯を確認すると、彼女から愛嬌たっぷりに感謝のメールが届いていた。会いたいと返事を送った。

その日から彼女と毎日のように会った。彼女の存在はそれまでの灰色の人生に彩りを加えてくれ、どこにいても、どんな些細なことにも幸せを感じた。そんな日々がひと月ほど続いた一月のある日、彼女の親友のミサちゃんが沖縄から上京してきたので、荻窪の駅前の焼き鳥屋で三人で酒を飲んだ。ミサちゃんはゲラゲラとよく笑う人で、初対面ではあったが、すぐに打ち解け、彼女も親友との久々の再会とあって、三人でおおいに盛り上がった。

店に入って暫く経ったころ、彼女の携帯が鳴った。着信表示を見て彼女は暗い顔をしたが、電話には出ず、明るく振る舞っていたので、何も聞きはしなかった。ところが、着信はそこから何回も何十回も繰り返され、あまりにもしつこいので、彼女は降参したかのように電話に出た。会話の内容はわからないが、彼女は相手の言うことをすべて拒否して電話を一方的に切った。話を聞くと、電話の相手は元カレで、荻窪駅に来てるからどうしても会って話したいと言われたが、話すことはないと断り、どこにいるかと聞かれたので、答えずに電話を切ったそうだ。せっかくの楽しい時間に水を差してしまったと彼女が謝るので、元気付けようと精一杯楽しい話を繰り出すと、すぐに彼女に笑顔が戻り、ひと安心と思いきや、店員の「いらっしゃいませ」の声とともに、彼女は絶句し、青ざめた。視線の先を追うと、大柄で屈強な身体をした男が、ものすごい剣幕でこちらに向かって歩いてきた。ひと目でそれが写真で見た元カレだとわかった。

なぜここにいることがわかったのか。しかも電話を切ってから十分と経ってはいない。さらに元カレはなぜか若い女性を二人連れていた。その状況がすぐに飲み込めず、どう対応していいかわからずにいると、彼女も同じく言葉に詰まりながら聞いた。

「どうしてここがわかったの？」

「俺たちの行きつけだったただろ」

元カレは即答した。

元カレとの行きつけの店になんて連れてくるんじゃないよ、と文句を言いそうになったが、言ったところでどうしようもない。焼き鳥屋の大将がその不穏な空気を察知して、揉め事は外でやってくれと言うので、店を出ようと提案した。外は寒く、どこか店に入りたかったが、何が起こるかわからないこの状況に相応(ふさわ)しい店などなく、近くの神社に行くことになった。元カレと二人の女性に先導されて神社へと向かう道すがら、彼女が怯えたように顔を強張らせていたので、何があっても守るから安心してと励ましたが、実のところはビビッていた。元カレが連れてきた二人の女性について聞いてみると、一人は何度か会ったことはあるが、歳が彼女より三つ上で埼玉在住だという以外はよくわからない謎のお姉さんだそうで、もう一人については全く知らないとの事だった。

神社に着くと元カレは縦長の境内(けいだい)の奥へと彼女を連れて行こうとしたので、それに続こうとすると、謎のお姉さんに「あんたには私から話がある」と腕をつかまれた。鳥居の手前で「あんた自分のやってる事おかしいと思わないの？」だとか「筋ってのがあるでしょ？」などなどと中学生のような事を年下のお姉さんから言われて、腹がたつよりも馬鹿らしくなったが、ここはあまり波風を立てるべきではないと思い、

「好きになってしまったんだから仕方がないじゃないですか」

正直な気持ちを、あえて敬語で答えると、

「子供じゃないんだからさぁ」

お姉さんは小馬鹿にしたように鼻で笑った。

そうこうしていると、境内の奥から叫び声にも近い「離してよ」という彼女の声が聞こえた。そちらを向くと、元カレが抵抗する彼女の腕を摑んでいるのが見えたので、反射的に「おい！」と声を張り上げた。すると元カレはお不動さんのような形相でこちらへ向かってきた。

プロボクサーのライセンスを持つという運動神経抜群の元カレは、見たところ、身長は一八五センチ、体重は七五キロくらいだろうか。そんな猛者が敵意を剝き出しにしてくる。声を上げてしまったことを一瞬後悔したが、もう後には引けない。とにかくタックル。ボクサーを相手にする時はタックルして、寝かせてから馬乗りになればなんとかなるんじゃないかとは思ったものの、プロを相手に、学生時代にやってた程度のラグビーのタックルで立ち向かえるのだろうか、身をかわされたらどうしよう、そもそもここはリングの上ではないのだから蹴ってくるかもしれない、などなどと考えているうちに、元カレはすぐそこまで迫っていた。目の前の元カレはさらに大きく見え、タックルしたくても足は前に出ず、身動き一つできなかった。プロのパンチをもらったら死んでしまうんじゃないかと、体が恐怖に侵されだしたその瞬間、

「絶対手出したら駄目だよ」

と謎のお姉さんが間に入って彼を制してくれた。プロが素人に手を出したら犯罪になるのだから、お姉さんの行動は正しかった。ついさっきまで少し馬鹿にしていたが、その時はお姉さんに心から感謝した。手を出してこないとわかると、途端に強気にはなったが、足は震えていた。

足が震え出すとすぐには止まらない。だが、その状態を彼女にも、元カレにも、その他の面々にも悟られるわけにはいかなかったので、余裕を装って、

「ここは寒いからどっかに移動しよか」

と上半身も震わせてみせた。現にミサちゃんは沖縄から来たばかりで寒そうだったし、元カレの連れてきたもう一人の女性、というより少女も薄着で寒そうだった。口から出まかせで言った提案はあっさりと受け入れられた。

結局、彼女の家へと移動した。マンションの前に着くと、彼女から鍵を渡され、元カレと外で話し合うからミサちゃんと部屋で待つように言われた。二人きりで話をさせることには大いに不安を感じたが、お姉さんからも「私も立ち合うから中にいな」と諭されたので、ミサちゃんと共に部屋で待つ事にした。

部屋に入り腰を下ろしても、彼女の事が心配で仕方がなかった。上京した当日に思い

もよらない修羅場に出くわしたミサちゃんも、親友の身を案じてか口数が少なく、部屋には不安が充満した。少し経って部屋のドアが開いた。思ったよりも早かったなと素早く腰をあげると、顔を出したのは、元カレが連れてきたもう一人の女性、薄着の少女だった。薄着の少女は仏頂面で、「私もここで待っててい？」と言うので、我が家でもないのに部屋に招き入れた。不安で満たされた部屋にさらに得体の知れない少女が入ってきたことで妙な緊張が沈黙を生んだ。しばらくして薄着の少女が口を開いた。

「寒くない？」

少女は薄着だったし、昨日まで常夏の島にいたミサちゃんも少女の言葉にすぐさま同意したので、部屋の暖房をいれ、我が家でもないのに湯を沸かし、キッチンにあったインスタントコーヒーを淹れると、部屋に充満していた不安と緊張はいつのまにか薄らいでいたので、ところで、と薄着の少女に質問した。

元カレとはその日が初対面だという少女は、お姉さんと同じく埼玉の人だった。少女は三日前に二十歳になったばかりで、バイト先の先輩である姉御肌のお姉さんが成人祝いに家の近所で酒を飲ませてくれると言うので、薄着で出てきてみれば、なぜか荻窪まで連れてこられて、自分とは全く関係のないことで見ず知らずの人たちが揉めているのを寒い中見物させられ、ここに来て遂に自分がいる意味がない事に気づいた。お姉さんに寒いから帰りたいと申し出たところ「部屋で待ってな」と言われて、一人じゃ荻窪駅まで戻る事もできないので仕方がなくお邪魔している、と不満たっぷりに、徐々に語気を強めながら言った。彼女が感じた寒さや不満、この状況を思うと、あまりにも滑稽で、ついつい笑ってしまった。それにつられてミサちゃんも笑い出した。

緊張が緩んだせいか、三人ともおしゃべりになり、気がつけば恋愛話に花が咲き、お互いが初対面とは思えないほどに盛り上がった。渋谷での告白劇をベラベラと喋り、いつのまにか若い二人から応援されて、表情が緩み切ったころに、元カレとの一時間以上の話し合いを終え、疲れ切った表情の彼女が帰ってきた。

「ずいぶん楽しそうだね」

そう言って腰をおろした彼女のまとう空気はとても冷たかった。その様子に薄着の少女は逃げるように帰って行き、残された二人はいそいそと暖房の温度を上げ、温かいコーヒーを淹れてやった。

体が温まり、少し顔つきが穏やかになったのを見て、話し合いの結果を聞くと、彼女は淡々と話し出した。話し合いは、お姉さんの仲介のもと、改めてお互いの意見をぶつけあうことができ、容易ではなかったが、結果的に元カレは彼女の強い意思をなんとか理解してくれたのだそうだ。それを聞いて思わず笑みがこぼれたが、彼女はさらに淡々と続けた。寒空の下、一時間以上不安や恐怖と戦い、身も心も凍えそうになりながらも、長い時間待たせてしまって申し訳ない気持ちで部屋に帰ってきたら、なにを若い女二人相手にニヤニヤと楽しそうにしてんのよ、と彼女は怒気をあらわにした。うろたえながら謝ると、ミサちゃんが庇うように話し出した。その一時間の間、部屋の中での気の遣いようや、彼女に対する思いなどを聞いて、親友がいい人に出会ったんだと、心から実感した。それが嬉しくて嬉しくてと、ミサちゃんは涙ながらに話した。それにつられて彼女も泣き出した。おいおいと泣いている二人を見て、胸が熱くなり、声を出して泣いた。

「私のこと大事にしてくれるの？」

「大事にします、一生大事にします」

何一つやり抜いた事がなく、何一つ成し遂げた事がなく、ただあてもなく漂っていただけの人生だったが、そのとき明確な道が見えた。精一杯の気持ちに精一杯に応えてくれた彼女の事を生涯をかけて幸せにすると心に決め、一生一緒にいたいと心から願った。だから一緒に住もうと申し込んだ。彼女は居ずまいを正して、「よろしくお願いします」と答えた。

新しい人生が始まった。大きな歯車のようなものがゆっくりと動き出したかのようだった。レッスンにも真面目に通うようになり、ほんの少しずつ役者の仕事がくるようにもなった。さらに数年バイトを続けながら、贅沢はできなくとも彼女との幸せな毎日を過ごし、仕事も少し軌道に乗りそうになった頃、彼女との大事な日を目前にして、なんと他の女性を好きになってしまった、というのは、また別のお話で。

14 おーはまぼー

生まれ育った家はさして広くもない長屋のような平屋で、物心ついた頃から兄と同じ部屋だった。中学になって団地に引っ越すことになり、念願の一人部屋かと思いきや、増えた部屋は納戸だけで、高校に入っても兄と同じ部屋、同じ二段ベッドだった。高校二年になると、兄の圧制に耐えきれず、三畳の納戸に机と洋服ダンスと布団を持ち込んで、そこを自分の部屋とした。窓もなく、空調もないので、夏は暑く、冬は寒かったが、初めて自分だけの空間を持てたことが嬉しかった。だがやはり狭くて、居心地が良いとは決して言えなかったので、大学に入ったらすぐにでも家を出ていってやると決意した。

高校の三年間は、留年をなんとか免れるほどの成績だったので、受験は関西の私大の名門四校、関関同立を狙うと言うと、母はとても驚いた。もし合格したら一人暮らしをしていいかと聞くと、受かるわけがないと言いたげな顔で「ええよ」と答えた。結局一浪はしたものの、なんとか関関の関の一つに合格した。合格通知とともに、早速一人暮らしの件を母に切り出した。

「一人暮らししてええんやろ？」

「ええけど、あんたお金どないすんの？」

「出してくれへんの？」

「そんなお金あるわけないやろ」

言われてみればその通りだった。

一人暮らしに憧れる理由はもう一つあった。それは父がもうけた門限があるからだった。父はどちらかと言えば厳格な人だったので、高校生の息子にすら門限をうるさく言った。

大学一年の冬、カナダからの帰国子女の友人宅で遊んでいると、彼が思いついたように「スノーボードに行こう」と言い出した。当時流行り始めていたスノボというものに興味はあったし、モテそうな匂いもしたが、なかなか手を出せずにいたところを、カナダ帰りの友人が教えてくれると言うので、誘いに乗ることにした。道具は彼が貸してくれる事になったが、防寒着はサイズが合わないので、彼の車に乗って家に取りに帰った。時刻は夜の九時過ぎ、家に入ってなるべく物音を立てないようにカバンに必要なものを詰め込んで、またこっそりと家を出ようとすると、父に呼び止められた。

「どこ行くんや？」

「友達のとこで試験勉強するねん」

「何時やと思ってんねや？」

「大学生にもなって、まだ門限とか言われんの⁉」

「そうか、わかった。もう帰ってこんでええ」

「え？」

「もう帰ってこんでええ」

　そのままスノボに出かけたきり、家には帰らず、友人宅で二週間、先輩宅で二週間を過ごした後、なんとか金を工面して、ワンルームの部屋を借りた。念願の一人暮らしは快適だったが、一人の夜は寂しかったし、家賃や生活費を稼ぐためにバイト三昧の日々が続いたことで、大学への足も遠のいた。

＊

　荻窪での修羅場を乗り越えて、ついに彼女との下井草での同棲生活が始まった。下井草のアパートはそこそこ広かったので、二人暮らしも窮屈ではなかった。広いのに家賃が安かったのは、もちろんそこが事故物件だったからだが、彼女には内緒にしておいた。その家賃も彼女が半分出すと言ってくれたので、お言葉に甘えることにした。おかげで生活が少し楽にはなったけど、借金はなかなか減らなかった。

　同棲をはじめるとお互いの悪いところが見えて喧嘩が増える、とバイト先の先輩から言われたが、一緒に暮らし始めると、彼女のいいところがどんどん見えて、一度も喧嘩はしなかった。ただ彼女には悪いところが色々と見えてきたようで、よく怒られた。特に怒られたのは部屋の片付けの事で、散らかったものは全て見えないところに押しやるという片付けのメソッドでそれまで生活してきたので、押入れの中やベッドの下は掃き溜めのようだった。彼女は綺麗好きだったので、ブーブー言いながら部屋を片付け、隅に溜まり積もったホコリや、部屋の各所にこびりつき放置してあった汚れを日に日にきれいにしてくれた。バイトが終わって部屋に帰ると、待っている人がいるというのは何よりも嬉しかったが、その部屋がいつもきれいに片付けてあるというのも、とても気持ちが良かった。そのせいか、それまで慢性的に悩まされていた喉のイガイガや、肌荒れも日に日によくなった。

同棲を始めてふた月ほど経ったころ、社長から珍しく電話がかかって来た。最後に電話がかかって来た時は事務所の大掃除の手伝いの依頼だったので、またぞろ力仕事でも頼まれるのかと思ったら、もう一度ハルコさんの運転手をやってくれとの事だった。

ハルコさんは連続ドラマの撮影中で、その現場には好きな俳優さんや尊敬する俳優さんがいた。そんな人たちが気さくに話しかけたりしてくれて、いつかこの人たちと一緒に仕事ができたらな、と淡い憧れを抱きながら充実した時間を過ごしてはいたが、ハルコさんの仕事量は前回運転手をしていた時よりも倍増しており、ほぼ休みもなく、朝から夜遅くまで仕事をしていた。つまり毎日のように朝から晩までハルコさんと一緒だった。

ある日、夜遅くに仕事が終わって家に帰ると、彼女が起きて待っていた。彼女は一人でいる時間が増えて寂しいとこぼした。仕事を頑張っていることは嬉しいけど、と付け加えはしたが、どこか悲しげな様子を見てハタと気づいた。彼氏が毎日のように美人女優と一緒にいるなんて、心中穏やかではいられないのではないかと。やきもちなんて妬(や)かれたためしはないが、彼女を安心させたい気持ちと、ちょっと意地悪な気持ちとで、ハルコさんとずっと一緒にいることが心配ではないのかと聞いてみると、彼女はキッパリとこう答えた。

「あんなキレイな人と、もし何かあったら尊敬する」

そういう意味では、彼女から尊敬されることはなかった。

ハルコさんの運転手は半年ほどで後任が見つかり任を解かれた。今回は車をぶつける事も、遅刻することもなかったので、事務所が少し多めに給料をくれた。

それから暫くして、高校時代の友人から結婚するから式に来いとの連絡があった。母からもたまには帰って来いとちょくちょく言われながらも、金もないし、父に会いたくもなかったので、ずっとはぐらかしていたのだが、結婚してもいいと思える彼女もできたし、まとまった金も入ったので、彼女を連れて帰郷することにした。

両親は息子二人が巣立ったので、兵庫から滋賀の田んぼに囲まれた小さなマンションに引っ越していた。帰郷とは言っても、縁もゆかりもない場所だったので特に感慨もなく、しかもあの堅物の父と会う事に少し抵抗を感じながら玄関の呼び鈴を押した。ほとんど間も無くドアが開き、父が顔を出したかと思うと、生まれてこの方見たことも聞いたこともないような、明るい笑顔と声で、

「いらっしゃーい！」

と出迎えてくれた。それは恐らく桂三枝（現・文枝）の真似だったと思われる。父も母も、ドラ息子が連れてきた彼女をとても気に入ってくれて、久々の対面は和やかなものだった。けれど、父のそれまでとのギャップについていけず、笑顔は保っていたが、内心居心地が悪かった。それに父の彼女に対する愛嬌は、決してこちらには向かなかった。

夜、父が寝た後、パソコンの調子が悪いから直して欲しいと母に頼まれた。電源を入れると、空冷ファンが爆音をあげ、立ち上がるまで驚くほど時間がかかったが、やっと起動し、モニターに映し出された壁紙を見てさらに驚いた。

「お父さん、映画館であんたが出てるシーンをカメラで撮ってパソコンの画面にしてん

照れくさいような、嬉しいような、恥ずかしいような、色んな気持ちが入り混じって、なんと答えていいかわからず、

「映画館で写真撮ったらあかんやろ」

と返した。


翌日、西宮で執り行われる友人の結婚式に出る間、彼女は一人で神戸観光でもしようかなと言っていたが、父が車で案内すると言い出した。少々不安ではあったが、彼女を両親にまかせて、高校時代の友人や先輩たちと旧交を温めた。二次会が終わるころに父の車が迎えに来てくれた。長時間彼氏の両親と一緒でさぞ気疲れしただろうと、後部座席のドアを開けると、彼女は小さなイビキをかいて寝ていた。父が言うには車に乗っている間はほとんど寝ていたそうだ。母は、気い遣わんでええ子やと笑った。

「緊張して寝てしまった」

目を覚ました彼女はそう言った。一緒に帰って来て良かったなと思った。

翌朝、父が駅まで車で送ってくれた。駅前に車を停め、父とともにトランクから荷物を降ろしていると、小さく低い声で、

「彼女泣かすような事あったら承知せえへんぞ」

と言われた。

少年時代、母が泣いているのを幾度となく見たのだが、そこは素直に「うん」と応えた。別れ際、母はこっそりと小遣いをくれた。

東京に帰ってしばらくすると、またも慶事の報せがあった。今度は彼女の母親が結婚するという。女手一つで四人の娘を育てた彼女の母親はまだ若く、写真で見る限り美人だった。そんな母親が再婚するというので、次女として出席しないわけにもいかず、しかも交通費を出してくれるから沖縄の宮古島まで帰るという。もちろん交通費は娘の分だけで、その彼氏の分を出してはくれなかった。そもそも彼女は母親に、彼氏がいることも、同棲をしていることも言ってはいなかった。

宮古島までの旅費は高かったが、彼女の家族にも会ってみたかったし、沖縄に行ってみたかったし、それに滋賀でもらった小遣いもあったので、一緒に行くことにした。航空運賃は高く、東京・宮古島間を往復すると七万円以上もした。調べてみると、那覇行きの格安ツアーパックがあり、ホテルはついていなかったが、往復で二万七千円という破格の値段だった。宮古島はさらに那覇から空路で約一時間弱南下したあたりにあるが、当時は那覇から宮古島、石垣島を経て台湾へと向かうフェリーが運航していたので、それを利用した。これも安かったが、宮古島までは那覇から八時間かかり、もはや海外旅行のようだった。ちなみに船内にはビールの自動販売機があり、五〇〇ミリリットルの缶ビールひとつで六百円だったが、ボタンの下に小さく「石垣港出港後は八十円」と書いてあるのを見て、日本を遠く離れて行くような感覚を覚えた。現にそれまでの人生で最も長い旅程だった。

早朝に宮古島に着いた。港から徒歩で十分の距離に彼女の実家はあった。早い時間なので家人は寝ているだろうと、こっそりと家に上がったが、その物音で彼女の母親が姿を見せた。写真で見てはいたが、実物は思っていたよりも美人だった。だが結婚式当日ということもあり、神経質になっていたのか、はたまた娘が胡散(うさん)臭い男を連れてきたからなのかはわからないが、その表情は険しかった。

彼女は母親に、連れてきた彼氏の事を言葉多めに紹介したが、お母さんには、売れない役者としか映っていないように見えた。

日が昇り、彼女の高二と小六の妹、そして八十五歳の祖父が目を覚まし、共に遅めの朝食を食べた。ご飯と味噌汁と目玉焼きといった、特に沖縄らしさを感じない献立だったが、美味しかった。美味しい美味しいと食べるので、お母さんは少しだけ気を許してくれたように見えたが、妹二人は今ひとつ冗談にも乗って来ず、祖父は終始無言だった。結婚式が始まる夕方までの間に、彼女の運転する実家の軽トラで島を軽く案内してもらった。宮古島は何もない島だったが、何もないところがとても良かった。海は驚くほど美しく、なにより島のゆったりと流れる空気が心地よく、いつも先の事ばかり考えるせっかちな関西人の身も心も緩めてくれた。日が暮れだし、式の時間が近づいてきたので、翌日はもっと色んなところを案内すると言って、彼女は一度家へと帰り、身支度を整えてから結婚式会場へと向かった。

宮古島は暑いから、結婚式だけどスーツじゃなくていいよと彼女から言われていたので、なんとなく沖縄っぽいと思えるカジュアルな格好で式場へと来てみたら、皆礼服で参列していた。しかも、式から合流した彼女の姉に、式の写真を撮影して欲しいと立派なカメラを持たされたものだから、その風体（ふうてい）はプロのカメラマンそのもので、最後に集合写真を撮る時に、どうしてカメラマンが一緒に映るのだろう、と親族一同思っていたそうだ。

式の間、お母さんは恥ずかしそうにはしていたが、幸せそうで、とても綺麗だった。そんな美しいお母さんを見て、その娘もきっと年をとっても綺麗だろうと確信がもてたので、わざわざ宮古島まで来て良かったなと思った。

翌日は海に行くことになっていた。驚くほど透き通った海に入りたくて宮古島に来たと言っても過言ではなかったので、朝早くに目を覚ましたが、彼女は昼前まで起きてくれなかった。二日酔いで渋る彼女の背中を押して、ようやく海に着いたのは昼過ぎだったが、オフシーズンのその海は驚くほど美しく、人も少なくてビーチを借り切ったようだった。

はやる気持ちを抑えきれず、奇声をあげながら水着に着替えていると、電話が鳴った。着信表示を見ると、滅多に電話をしてこない事務所の女性マネージャーだった。宮古島に行くことは伝えてあるんだから、何もこんな時に電話を寄こさなくてもと、不承不承応答すると、急遽ドラマのオーディションが決まったから東京に帰って来いと言う。せっかく苦心して格安のツアーを予約したのに、予定とは違う日時に帰るには金額の高い正規の航空券を買わなくてはならず、そんな金はないと言うと、事務所が前貸しするという。彼女はさらに、オタクの役だから、絶対に日焼けをするなと付け加えた。結局海に入る事も叶わず、事務所から借金をして翌日の飛行機で東京に戻り、その足でオーディション会場に行き、個性的な面々とともに本読みをしただけで、オーディションは終わった。帰って来た意味があったのかと思ったら、その日のうちに合格の報せを受けた。借金しただけのことはあったなと、少し安心はしたが、決まった役がサッカーオタクだったので、日焼けしても良かったじゃないかとぼやきながらも、初めての連続ドラマのレギュラー出演となり、それがその後、長い月日を経て大きな仕事へとつながっていくというのは、また別のお話で。

15　ホームスイートホーム

二十歳を目前に控えて、家出同然で始めた一人暮らしは、阪急神戸線の塚口駅から徒歩十分ほどのワンルームマンションだった。風呂もトイレもエアコンも完備されていて、築年数も五年という、大学生にはもったいない物件だった。そこに住む友人が強く奨めてきたので、家賃は決して安くなかったが、大学生活を満喫するためにはお洒落な部屋に住むことが必須だという下心も手伝って入居を決めた。だがやはり、親に家賃を払ってもらっている友人とは違い、高額な家賃や光熱費を自分で稼がなければならず、アルバイトに追われる生活が始まり、授業に出る暇はほとんどなくなった。

塚口では二年暮らし、部屋の更新を機に引っ越すことにした。理由はもちろん家賃と更新料が高かったからだったが、その頃は大学へはほとんど行かず、大阪で夜遊びをすることも多くなっていたので、盛り場に近くて、安い物件を求め、バイトの先輩から紹介された天王寺(てんのうじ)の不動産屋を訪ねた。天王寺から南のエリアにはお手頃な物件が多くあり、その中で最も条件が良かったのが西成(にしなり)区の岸里(きしのさと)の物件だった。風呂もトイレもエアコンも完備されたワンルームマンションで、築二十年、二階の角部屋で陽当たり良好、家賃は五万円だった。前に住んでいた住人が出たばかりで、部屋のクリーニングが必要なければ、家賃二ヶ月分に相当する初期費用を無料にしてくれると言うので、その日のうちに部屋の内見をさせてもらった。

そのマンションは国道から一本入った場所にあり、駅からも近かった。部屋に入ってみると、クリーニング後と言われても気づかないほどに汚れもなく、マンションの目の前が大きな駐車場であるおかげで、遮られることなく差し込む陽の光がさらに部屋を美しく見せた。非の打ち所はなかったので、その日のうちに契約をした。

大阪の西成といえばガラの悪いイメージがあったが、住んでみると、思っていた以上に恐ろしい場所だった。引っ越してすぐに気がついたことは、まず夜が暗いことだった。駅からそう遠くないにもかかわらず、街灯がほとんどない。しかもマンションの廊下の三つある蛍光灯も一つしか点いておらず、夜中に家に帰るといつもその闇に恐怖した。ひと月経ち、まだその暗闇に慣れないころ、一つ目の事件が起きた。

ある日曜日の早朝、夜通し遊んで始発で家に帰った。冬の朝は明けるのが遅く、マンションの廊下はまだ暗かった。酒に酔ってはいたが、それでも暗闇が恐ろしく、素早く鍵を取り出し鍵穴に差し込もうとしたが、どうにも上手く入らない。酔っているせいかと思い、今度は鍵穴をしかと確認し、慎重に鍵を差し込んだ、が、やはり入らない。今度は力強くねじ込むと、なんとか奥まで到達したので鍵を回す、が鍵はビクともしない。

逆に回してもちろん動かないので、両手を使って力一杯鍵をひねると、それは妙な感触とともに九十度回ったのだが、錠はかかったままだった。その状態が次第に恐ろしくなり、鍵を抜こうとしたが、先程まで入るのを拒否した鍵穴が、今度は抜くことを拒んでいた。得体の知れない力が鍵を離さなかった。逃げ出したい気持ちで精一杯引っ張ると、なんとか抜けはしたのだが、引き抜いた鍵を見てぎょっとした。鍵は持ち手の部分から直角にねじれていたのだ。そうこうしているうちに、夜が明けて、廊下の窓から差し込む陽の光に照らされた自室の扉を見て全身に寒気が走った。扉には、

〈金返せ山下〉

〈殺すぞ〉

〈どこまでも追っかけるからな〉

などなど、油性のサインペンで隙間なく脅しや罵詈雑言が書き殴られていた。明るくなった廊下で、今度は別の恐怖が襲い来て「山下とちゃうわ」と心の中で突っ込みながら外に飛び出した。

その朝は先輩の家で仮眠をとらせてもらい、昼前に不動産屋に連絡し、少し怒気を含んで事情を話すと、すぐに合点がいったようだった。聞けば、前に住んでいた山下が家賃を滞納したまま夜逃げをしたとのことで、借金の取立屋が扉に落書きをし、鍵穴に接着剤を流し込んだのだろうと説明された。

週明けに扉の落書きを消してもらい、錠前も新しいものに交換してもらったが、山下と間違って殺されるわけにはいかないので、扉に「山下さんは転居しました」と張り紙をした。しばらくは不安な夜が続いた。

二つ目は山下事件の不安も薄れた半年後の夏の夜だった。夜遅くに、奇妙な音が聞こえてきて目を覚ました。手拍子のようなその音は、一定のテンポを保って外に響いていた。誰かが手を叩いているのかとさほどは気にならなかったが、いつまでも続くその音に耳をすますと、手拍子と手拍子の間に、うっすらと「ヒッ」としゃっくりにも似た声らしきものが聞こえることに気づいた。しばらく無視して目を閉じたものの、いつまでも終わらない「パン！　ヒッ！　パン！　ヒッ！」と続く妙なリズムの正体が気になって眠れないので、カーテンを少し開けて外を窺った。

道路を挟んだ真向かいの駐車場の入り口に音の正体はいた。街灯もほとんどない通りに男が二人とうずくまる女が一人いるのが見えた。「パン」という音は、男の一人が、女の頰を平手で打つ音で、「ヒッ」は女の小さな悲鳴だった。もう一人の男は煙草を吸いながら周りの様子を窺っているようにみえた。

女性が男に殴られている状況だけでも普通ではなかったのだが、音に気づいてから少なくとも五分が経ち、その間ずっと同じリズムで女性の頰が張られていたと思うと、背筋が凍り、反射的にカーテンを閉じた。外では変わらず響くリズムが、より一層恐怖を煽り、様々な考えが頭を駆け巡った。すぐに窓を開けて「やめろ」と声を上げるべきか、でもあんな異常な二人の男を敵に回すのは如何なものか、ここはまずは警察に通報すべきではないか、いや、さっきカーテンを開けた時に見張りの男にこちらを見られていたとしたら、通報したことがバレて後々面倒な事になるかもしれない、とは言えこのまま見過ごすわけにはいかない、どうするべきか、どうしたらいいのか、なぜ誰も通報しないのか。そんな事をあれこれと考えているうちに音が止み、車のエンジン音が近づいてきて、駐車場の前で停まった。同時にスライドドアが開き、抑えた怒声が二言ほど聞こえると、勢いよくドアが閉まる音がし、エンジン音は遠ざかって行った。もう一度カーテンを少しだけ開いて、恐る恐る外の様子を窺うと、そこは何もなかったかのように、いつもの闇と静寂に包まれていた。

あの男たちはいったい何だったのか、あの女性はどうなったのだろうか、想像すればするほど恐ろしくなり、何もできなかった事が情けなくなり、その夜は一睡もできなかった。

この二つの事件の他にも、ある日はバイクに乗っているとワゴン車に煽られたり、ある日は友人とバイクに二人乗りしていると、原チャリに乗ったおっさんに接触すれすれの運転で追い回されたり、またある日は家の斜向かいのガソリンスタンドで発砲事件が起きたりといろいろと怖い目にはあったものの、物価も家賃も安かったので、その部屋にも二年住んだ。そこが大阪での最後の住処となった。転居時、東京へと旅立つ身支度を整えるため、家具や電化製品はほとんど処分した。空っぽになった部屋を見渡し、大阪での思い出や、東京での生活に対する不安が一気に押し寄せてきて、声を出して泣いた。ひとしきり泣いた後、最後に部屋の掃除をすると、流しの下の排水パイプの裏に折り畳まれた紙が貼り付いていた。汚らしい紙屑のようだったが、その模様に既視感を覚え開いてみると、それは五千円札だった。こんな場所にお金を貼り付けた記憶はなかったので、山下からの餞別としてもらっておくことにした。

＊

役者になる事を志して上京してから六年が経ち、アルバイトに励みながらも彼女ができ、そんな彼女との同棲生活も三年が経とうとしていたころ、彼女から相談をもちかけられた。聞くと、彼女の中学三年になる末の妹が、宮古島を出て東京の高校へ行きたいと言い出し、熱意にほだされた母親はそれを許したという。とは言え、未成年を東京で一人暮らしさせるわけにはいかないので、彼女に同居するようにお願いされたとの事。

なんの抵抗もなかったわけではないが、彼女の頼みだし、小学生の時から知る彼女の妹は面白味のある子だったので、快く了承した。ところが彼女の相談どころはそこではなかった。彼女はお母さんに、同棲しているという事をまだ告げておらず、お母さんは一人暮らしをしている姉のところに妹を住まわすつもりでいるという。三年も一緒に暮らしているのに、母親にそれを内緒にしていたと初めて知り、少し悲しい気持ちになったが、そのまま内緒にしてもおけないし、かといって彼女が妹と暮らすために同棲を解消するのは絶対に嫌だったので、お母さんに本当の事を言おうと答えた。彼女もその意見には同意したが、自分では切り出しづらいので、代わりに伝えてくれないかと言う。お母さんとはそれまで三度会い、電話でも何度か話した。初めて会った時の〝売れない役者〟という肩書きは払拭できてはいなかったが、娘の事を真剣に思っているということは恐らく伝わっているはずだったので、そこは男らしく引き受け、お母さんに電話した。娘さんと同棲していることを告げ、それを言わずにいた事を詫びると受話器の向こうから、少し戸惑ったような反応はあったものの、

「あなただったら安心かもね」

と信頼してくれたようにも、そうでもないようにも受け取れる言葉とともに同棲については認めてくれた。しかし妹も同居するとなると話は別だと言った。

「未成年の女の子が、彼氏彼女の関係の人たちの家に同居するのはねえ……」

やはり同棲は認められない、と言いたいのかと思ったが、はたと気づいた。つまり、彼氏彼女の関係だから駄目なのだと。ほんの一間考えて、もう一間で肚を決めた。

「娘さんと結婚するつもりでいます」

横で聞いていた彼女はその言葉に目を丸くした。

そこからあれよあれよと話が進み、結婚の意思があるのならと、まずは親同士が会うことになり、その席で婚約を交わすこととなった。両家の会食は和やかなものだったが、こんなにも簡単に婚約してしまったことに、彼女ともども拍子抜けした。ともあれ晴れて婚約を交わし、妹の同居の準備を進めることになった。下井草のアパートは三人で暮らすには狭かったので、もう少し広い部屋に引っ越す必要があった。その分家賃は高くなるが、娘が二人もお世話になるからと、初期費用はお母さんが出してくれることになった。

これまで部屋探しにそう苦労したことはなかったが、三人暮らし、しかも彼女からは、未成年の妹の安全を考えて、エントランスがオートロックであること、妹のための一人部屋があること、治安が悪くないこと、駅からの道が暗くないこと、虫が出ないこと、などが条件として提示された。もちろん家賃が安いことも絶対条件だった。そこで彼女がいつか住みたいと言っていた、小田急線の経堂駅を中心に部屋を探したが、条件に合う物件はなかなか見つからず、何より家賃が高かった。周辺の不動産屋をいくつも巡り、積極的に内見をさせてもらった。条件に近いものを見つけると、彼女とともに幾度も内見に行ったが、やはり家賃が高かったり、駅から遠すぎたり、彼女の「なんか違う」という超能力者のような言葉で却下された。物件探しはふた月以上かかり、十二の不動産屋を訪ね、内見に行った物件数は五十を数えた。もはや間取り図を見るだけで頭痛がするようになった頃、一番に訪ねた、経堂の不動産屋から電話があった。その不動産屋は、何度もお薦めの物件が見つかると連絡をくれてはいたが、その都度断っていたので、最後に連絡をくれた時には不機嫌そうに、

「条件通りの物件なんてもうないですよ」

と匙(さじ)を投げたような物言いをした人だった。そんな彼が、今度こそ、と薦めたのが、京王新線の幡ヶ谷(はたがや)駅から徒歩十分の場所にある物件だった。あまり馴染みのない場所だったが、新宿にも渋谷にも近くオススメだと言う。とりあえず間取り図を送ってもらうと、見出しに大きく、

『築十年・デザイナーズマンション風！』

とあった。『風』とつくだけあって外観も間取りも多少個性的だが、広さもあった。家賃は予算を越えていたが、よく見ると、金額の下に小さく『※応相談』と記してあったので、詳細を聞くと、すぐに入居できるなら安くするとの事だった。それならまずは

と、内見に出向いた。そのマンションは幡ヶ谷の六号通商店街を抜けた先にあり、駅から十分以上はあったが、人通りも多く、夜も危険は少なそうだった。建物は写真で見るよりも綺麗で立派だった。部屋に入ると、壁の一面がガラス張りになっており、外光が多く入り、それがなお部屋を広く開放的に見せた。収納も多く、浴槽も広く、これまでの中で一番の物件だった。気になっていた家賃について尋ねると、すぐに入居できるなら、月々の家賃を一万円値引きしてくれると言う。それでも予算の家賃より一万円高かったのだが、それまでの内見疲れもあって、もう他では考えられなくなっていた。あとは彼女次第だった。

家に帰って、彼女にデジカメで撮った写真を見せながら、その物件の素晴らしさを説明すると、彼女もこれまでになく興味を示したものの、家賃の話になると、予算よりも一万円高い事に顔を曇らせた。だが、もうこれ以上物件を探す気力はなかったので、定価よりも一万円安い事を主張し、とにかく一度内見に行こうと説得した。

二日後、彼女を伴って再び内見に行った。幡ヶ谷駅から商店街を歩くと、彼女は居並ぶ店に少し心躍らせていた。マンションに着くと、その外観とエントランスが綺麗に掃除されている事に感心して「いいね」を連発した。部屋に入り丹念に各所を見て回り、一通り見回した後、彼女は感動したように言った。

「すごくいいね」

長かった物件探しが終わった、と喜んだのも束の間、視界の端で何かが動いた。嫌な予感とともに目を向けると、クローゼットの奥から黒い影が這い出てきた。それは彼女が世の中で最も忌み嫌うゴキブリだった。そいつはまるでそこが自分の部屋だと主張するかのように悠々とリビングを横切りキッチンへと消えて行った。かつてゴキブリが出たから至急帰ってきてくれと涙ながらに電話してきた彼女と、それからしばらく安眠を許さないほどの恐怖をもたらしたゴキブリが、まさかこんな形で再び出会うとは。思わず絶句し、気まずそうな不動産屋と顔を見合わせてから、恐る恐る彼女の表情を窺うと、彼女はゴキブリに気づいていなかったかのように、変わらずニコニコとしていた。

内見を終えその足で不動産屋へ行き、契約書にサインをした。帰り道、上機嫌な彼女に黙っていられず、ゴキブリに気づかなかったのかと聞いた。

「沖縄のゴキブリはもっと大きいよ」

いまいち筋の通らない理屈でゴキブリが出た事をなかった事にするほど部屋を気に入ったようだった。

それから半月後に引っ越しをした。荷物を運び終え、彼女に荷解きをまかせ、一人で下井草の部屋を掃除した。北青山のアパートを追い出され、やむなく入居した事故物件。

不自然に取り外されたような洗面台の鏡の跡や、誰もいないはずの天井から夜な夜な聞こえる足音に恐怖し、眠れない夜を過ごしたこと。酒に溺れ借金に苦しめられた暗黒の日々。ゴミの出し方が悪いと、大家の内縁の夫に寝込みを襲われ揉み合いになった朝。そして人生の伴侶となる人との生活が始まった部屋。見渡すと、辛かった事楽しかった事が一気に思い出されて涙が溢れた。空っぽになった部屋はよく声が響いた。

幡ヶ谷での生活は快適そのものだったが、家賃が高い事がゆっくりと首を絞め、それまで以上の金欠へと陥っていくことになる。しかし、その新生活は、人生の新しい章の幕開けとなったのである、というのは、また別のお話で。

16 川の流れのように

大学に入り、一人暮らしを始めるようになってからは慢性的に金欠だった。その頃は土建屋とカラオケ屋をかけもちしていたが、それでも口癖のように「金がない」と言っていると、先輩が割のいいアルバイトを紹介してくれた。大手新聞社で書類の仕分けだという。給金は申し分なかったので二つ返事で引き受けた。

新聞社は大阪の西梅田にあり、その大きなビルのワンフロアを占める編集局の一角の整理部の、さらに隅っこにあるFAXセンターという二十台ほどのFAXに囲まれた小さなスペースが職場だった。仕事はとにかく楽で、社員さんから「ボク」と呼ばれたら原稿やゲラを受け取って、それを支局にFAXで流す、または支局からのFAXを宛先の部署に持っていく、他にも細々とした雑務はあるものの、勤務時間のほとんどは、フロアの中央にある喫煙所で煙草を吸いながら他のバイトや社員と無駄話をするか、FAXの前にふんぞり返って漫画雑誌を読んでいた。その漫画雑誌はバイト同士でそれぞれ担当を決めて少年誌や青年誌が発売される日に買ってくる決まりとなっており、当時刊行されていた雑誌をほとんど全て読むことができたので、もはや漫画を読むのが仕事のようになっていた。勤務時間は夕方五時から深夜の二時までと長かったが、休憩時間も多く、その休憩時間を利用して、地下にある大浴場で湯につかったり、仮眠室で眠ったり。しかも帰りは、タクシーで家まで送ってもらえるという、人間がダメになりそうなほど条件のいいバイトだった。

一日だけの研修期間を経て、翌日から通常勤務となった。FAXセンターの仕事は一人でも難なくこなせるほどだったが、二人で番をすることになっていた。その勤務初日のパートナーが井田さんだった。

ひとつ年上の井田さんは、顔は質素で人の良い地蔵のようだったが、キャップを斜めに被り、ダボダボのジーパンにダボダボのシャツを着て「ヒップホップが大好きです」と口に出さなくてもわかるようなB－BOYファッションだった。ヒップホップがようやく日本でも浸透し始めた当時、大阪のおしゃれスポット・アメリカ村を、厳つい(いか)B－BOYたちが我が物顔で闊歩しているのを見て、ヒップホップという文化そのものに不快なものを感じていたので、井田さんに対しても当初は同じような気持ちで接していた。だが彼の温厚な人柄に触れて、一週間もすれば打ち解けた。彼も気を許してくれたようで、皆には内緒という前置きをつけて、実はラッパーだと教えてくれたのだが、ただの聴かず嫌いのくせに、

「ヒップホップって嫌いなんですよね」

と言ってしまった。すると、いつも温和な井田さんが珍しく熱くなった。結局、井田さんのおすすめのアルバムを数枚聴くという事で彼は落ち着きを取り戻した。後日、借りたレコードを渋々聴くと、それまで体験したことがないほどの衝撃を受けた。その事を井田さんに興奮して伝えると、彼はとても喜んで、その週末、ヒップホップのイベントに連れて行ってくれた。超満員の会場に着くと、井田さんは多くの人に声をかけられていた。後で知ったことだが、井田さんは大阪ではそれなりに名の通ったラッパーで、そのイベントでも飛び入りでラップを披露した。蛍光灯の白い光の中でダラダラ漫画を読みながらニコニコと話をする井田さんはもうそこにはいなかった。ステージの上でマイクを握り、まばゆいスポットライトを浴びて、切れ味鋭い言葉を吠えるように吐き出す彼と、盛り上がる客。その光景に度肝を抜かれた。

井田さんは半年ほどで、

「ここにおったら人間がダメになりそうやから」

とFAXセンターを辞めていったが、以降もよく一緒に遊んだ。レコード屋やクラブに連れて行ってもらい、そこでいろんな音楽や、いろんな人を紹介してもらった。そのお陰で、せっかくの高給もレコードと夜遊びに消え、昼夜が逆転した生活のせいで、ますます大学への足が遠のいたが、その時期に出会った人、体験したものは掛け替えのないものだったし、その時期はそれまでの人生で最も楽しく、充実した時間で、そのほとんどは井田さんのおかげだった。役者になるために上京することを応援し後押ししてくれたのはもちろん、彼の存在自体が刺激となって、役者への志を強く持つことができた。

＊

経済的な不安を抱えたまま婚約をした上に、幡ヶ谷のちょっといいマンションで暮し始めた年の夏。アルバイトは順調だったが、役者としての仕事はもちろん、オーディションにすら呼ばれなくなり、それまで頭に浮かぶ事もなかった「焦り」を少し意識するようになったころ、三ヶ月ぶりに事務所からかかって来た電話は、映画のオーディションの報せだった。

それまで多く受けてきたＣＭのオーディションの場合、大抵実施日の前日か二日前に連絡がきて、内容もよくわからぬまま会場へ行き、その場で台詞の書かれたＡ４用紙を一枚渡される事が常だった。だがその映画のオーディションまでは一週間もあり、事前に台本を渡されるというのも珍しかった。事務所で受け取った台本は、二十頁弱あり、男二人と女一人の会話劇だった。二人の男のうちの年下の男の配役オーディションだったが、マネージャーは年上の男の台詞も憶えて行ったほうがいいと付け加えた。言われるまでもなかった。

事務所を出て、近くの喫茶店に入り、何度も台本を読み返した。オーディションとはいえ、台詞を覚えるという作業は楽しく、長い台詞にやりがいを感じた。二人の男の台詞を憶え、念のためにと女の台詞まで完璧に憶えて迎えたオーディション当日。朝早くに起き、風呂に入り、入念にストレッチをして発声練習までした。それまでオーディションのためにそんな事をしたことはなかったが、できる限りの準備をして臨んだ。

昼過ぎに会場に着くと、数人の役者が待機していて、その中にはテレビや映画でよく見かけるような人もいた。緊張はいつになく増したが、しっかりと準備をしてきた事で、それがいい緊張感に変わっていく気がした。少し待たされた後、名前を呼ばれた。会場には男三人一組で入り、監督やプロデューサーの前に立たされ、まずは自己紹介から始まった。どのオーディションでも名前を言う時が一番緊張した。だがその日は家で何度も名字を声に出して繰り返してきたので、ちゃんと言える自信があった。一人目が軽妙に自己紹介を終えて、審査員の笑いを誘ったのを見て、対抗心を燃やしながら一歩前に出て、落ち着いて名字を言った。言えた。言えたそのほんの一瞬、言えた事に少し驚いたのかもしれない。そのせいか、それまで一度もそんな事はなかったのに、下の名前にある「と」が、「れ」と「ろ」の中間のような妙な発音となって口から出た。その瞬間、全身の毛穴が一斉に開いた。

「え？」

監督に聞き返され、もう一度名前を言うと、今度は名字の「つ」が「す」になった。そのままごまかすように年齢を言った。全身の熱がどんどん首から上に集中し、沸騰しそうになった脳味噌をなんとか動かして、発した一言が、

「なんでもやります！」

だった。これもまた暗黙のルールで、オーディションの「何か一言」で言ってはいけない言葉だった。なんでもやるのは当たり前だから言ったら駄目なんだと聞いたことがあった。その言葉が口から出た途端、何かがガラガラと崩れていった。

三人目が熱っぽく自己紹介をした後、演技となった。まずは年上の男の役をやらされた。「台本を持ちながらやっていいですよ」と審査員に言われたが、台詞は頭に入っているので台本は持たなかった。一人目はもちろん、女の役をやる三人目も台本は持たなかった。

監督の「よーい、ハイ！」の声で芝居が始まった。年上の男は途中から出てくるので、脇で年下の男と女の芝居を見て待った。二人とも顔も名前も知らない役者だったが、声も滑舌もよく、流れるように芝居が進んでいった。あんなにきれいに台詞が言えるのだ

ろうか、名前すらちゃんと言えないのに、たくさんの台詞を噛まずに言えるのだろうか。二人が台詞を消化していくごとに、不安が増し、体が強張った。最初に発する二行ほどの台詞を頭で何度も反芻したが、すればするほど不安と緊張は大きくなり、呼吸を整える間もなく出番がきた。女の台詞をきっかけに、二人に近づいて台詞を言う。足取りは硬く、一歩近づくごとに自信は不安に変わっていき、もはや「絶対に噛む」という自信すらあった。足を止めて発した台詞は思った以上にどもり、居合わせた人には日本語にすら聞こえなかったのではないだろうか。その台詞を発してからは明らかに体の機能が不具合を起こした。膝は震えだし、手足は思ったように動かず、完璧に覚えたはずの台詞は霧のように体から吹き出し消えていった。

「台本持ってやっていいよ」

監督は見かねてそう言った。

「大丈夫です」

「持ってやってくれる？」

愛想笑いを返すのが精一杯だった。

役を替えて三回通してオーディションは終わった。役を替えても台本を手放す事ができなかった。あれだけ準備をしたのに何もできなかった。醜態をさらしながら駆け巡る感情は、悔しさや悲しさではなく、ただただ恥ずかしい、それだけだった。

会場を後にして、缶コーヒーを買い、近くの公園のベンチに腰をおろし、冷静にオーディションの事を思い返してみて、それまで一度も考えた事がないあることに気づいた。役者に向いてないのではないかと。そもそも才能があるわけでもなく、ただ高二の時に初めて舞台を観て、その時に身体中にビビッと電撃が走ったという超常現象のようなきっかけを信じ、それ以外は特に根拠もなく「なんとかなる」と思い込んでいたのだが、具体的に、なぜ「なんとかなる」と思えたのかを考えてみると、「なんともならない」という答えがどんどん頭の中を支配していった。

悪夢のようなオーディションから一週間たって、合否の報せが届いた。結果は予想通りだった。わかりきった結果を待つその一週間、アルバイトに追われながら、オーディションの事も、ベンチに座って気づいた事も考えないように、そっちを見ないように努めたのだが、いざ結果が出てみると、その現実が重くのしかかって吐き気すら感じた。

そんな日の夕方だった。久しぶりに井田さんから電話があり、ライブのために東京に来ていて、立川の友人の家にいるから来いと言うので、その夜のバイトは休み、何かにすがるような気持ちで会いに行った。立川駅に着いて迎えを待つと、近くに停まっていたワゴン車の助手席から懐かしい声で名前を呼ばれた。数年ぶりに会う井田さんは、坊主頭が少し伸びていた以外はかつてと変わらず、地蔵のような顔をぎゅっと緩めて再会を喜んでくれた。

車内には井田さんの他に五人の男たちが乗っていた。そのうち二人は友人だったが、初対面の三人には井田さんが、役者をやっているだの、あのドラマに出てるだのと紹介してくれた。皆陽気な人々で、車内はすぐに盛り上がった。車を運転するのは画家のQさんという人で、物知りで、少ない言葉で多くを語り、その佇まいは小ぎれいな仙人のようだった。向かう先は奥多摩にあるQさんお気に入りの場所だという。

途中で激安スーパーに寄り、酒や食材などを買い、山道を一時間ほど走ったところでQさんは車を止めた。外は、視界がないほどの闇と、初夏にしては涼やかな空気と緑の香りが満ちていた。Qさんの持つ懐中電灯に導かれて沢に降り浅い渓流を歩いて渡り、その中洲に皆腰を下ろした。

Qさんが手際よく火を起こし、それを中心に車座になった。あたりに聴こえるせせらぎと薪のはじける音、梢の葉擦れや虫の声は心地よく、空を見上げれば、樹々の間にひしめくように星の光が見えた。東京都内でもこんなに星が見えることに感動しながら各々、ビールや日本酒を口にした。

Qさんは下戸だったが、酒飲みが好きな味をよく知っており、焚火を使って酒の肴をいくつかつくってくれた。自然に囲まれて食った豚ブロック肉のホイル焼きは絶品だった。

程よく酔いも回り、男七人で馬鹿話を繰り広げていたが、ちょっとできた会話の切れ間に、井田さんがしみじみと言った。

「やりたいこと見つけて、東京来てちゃんとドラマまで出て、おまえホンマ凄いなぁ」

前触れもなく急に褒められたことが引き金となり、忘れようとしていたあのオーディションと、それを終えてからの重苦しい思いが一気に頭まで駆け上った。返す言葉が見つからず、苦々しい笑顔でやりすごそうとすると、他の皆も、井田さんの言葉に大きく頷いた。画家や写真家、バンドマン、ラッパー、DJ、皆やりたい事を見つけ、信念を持ってやり続けている先輩たちは尊敬の対象で、そんな人たちから凄いと言われるのは喜ぶべきことなのだろうが、まったく凄くないということに気づかされたばかりだったので、嬉しいどころか、むしろ気分が悪くなった。苦し紛れと話題の矛先を変えるために、井田さんの近況を聞いた。

「ラップやめようと思ってんねん」

意外な答えだった。長年付き合っている彼女との結婚や、この先の人生を考えると、いつまでも続けていけるものじゃないと思い始めたと言う。大阪にいる時から多くの刺激をもらい、憧れの存在だったたし、なにより彼のラップが好きだったので、その言葉は残念だった。だがそれ以上に、やめようと思う理由が、全く他人事に聞こえなくて、心臓に釘を刺されたような痛みを感じた。

「やめたらあきませんよ！」

反射的にそう言い返すと、

「なんで？」

と返され、言葉に詰まった。するとQさんが口を開いた。

「やめる勇気を持つんは素晴らしい事やけど、井田は今やめる時ちゃうよ」

世の理(ことわり)を知るような口調とその言葉には妙な説得力があり、皆大きく頷いた。井田さんは少し考えて、

「じゃ、もうちょい頑張るかー」

と酒を掲げ、皆もそれに応えた。再び馬鹿話で盛り上がった。頭にこびりついた「やめる」の言葉を落とそうと、浴びるように酒を飲み、大げさなくらいゲラゲラと笑った。

酒宴が始まって二時間ほど経った。沢を吹き抜ける優しい夜風と、樹々の間に見える星空、途切れる事のない馬鹿で楽しい話にようやく心が軽くなってきた頃、何の前触れもなく、

「カーーーン！」

鉄と鉄がぶつかるような大きな金属音がすぐ側で起きた。近くで鳴ったその音に皆驚

き互いに顔を合わせた。それは例えるとスチール缶をガードレールに思い切り投げつけたような音で、五メートル以内の距離から発せられたようだったが、近くにガードレールは無く、飲む缶もアルミ缶だった。その場所は人里から奥深く離れており、辺りに人の気配はなかった。何が起こったのかわからないが、なんだか不気味な気分だった。Qさんが口を開いた。

「ヤバい、帰ろう、今のは帰れと言われたんや」

鋭く真剣な目つきでそう言うQさんの言葉に皆立ち上がり、急いでその場を片付け始めた。Qさんの指示の下、ゴミひとつ残さずきれいに片付け、最後に残った日本酒を中洲に撒き、渓流を渡り、車道まで登って、車に乗り込むのとほぼ同時に、ポツポツと雨が降り始めた。それはすぐさま大粒になり、瞬く間に勢いを増し、バケツを引っくり返したような豪雨となった。車内に響く激しい雨音の中、皆一様に、濁流に呑まれるあの中洲を想像してゾッとし「帰ろう」と言い出したQさんに畏敬の念をもって感謝した。

「山におるなんかが教えてくれたんやな。これはみんなええことあるで」

Qさんはそれまでと変わらない口調でそう言ってエンジンをかけた。

十五分ほどで雨脚は弱まり、山道を抜ける頃には来る時と同じように雲ひとつない空が広がっていた。あの音の正体がなんだったのかはわからずじまいだったが、不思議と清々しい気分だった。

Qさんは占い師でも予言者でもなかったが、彼の言った「ええこと」がそれからすぐ、あの場所にいた皆にあった。一度は引退を考えたラッパーも大物アーティストのアルバムにラップで参加することが決まった。その他の面々にも「ええこと」はあり、もちろん売れない役者にもあった。その「ええこと」が役者として大きな転機となるのであったというのは、次のお話で。

17　美少女戦隊セラセラムンムン

井田さんたちとの奥多摩での夜を経て、それまで沈んでいた気持ちが少し軽くなったからといって仕事の話が来るわけでもなく、アルバイトに励みながらも、サボり気味だった事務所のレッスンに真面目に行きだしたり、友人の紹介で総合格闘技のジムに通いだしたりと、少し行動的になったころ、再びオーディションの話がきた。失意のオーディションから妙な具合に立ち直ってはいたが、受けてもどうせ無駄だ、と思うようになっていた。そのオーディションはテレビドラマのもので、内容までは知らされなかったが、監督は大ヒットドラマと、その映画化作品で記録的な興行収入を打ち立てた人だと聞いた。だけどその監督の作品はひとつも観たことがなかったし、そもそもドラマのオーディションで募る配役なんて、どうせ大した役ではないと勝手で生意気な先入観を抱いていたので、全くやる気は湧かなかった。

スーツ着用でと指示があったので、真夏の猛暑の中、お台場の東京テレポート駅から十五分歩き、着慣れないスーツで汗だくになり、履き慣れない革靴に靴擦れをおこしながら着いた会場は、真新しく巨大なスタジオだった。

中に入ると、まだ工事中のような匂いがし、タイル屋の仕事を思い出して懐かしい気分になった。人気のあまりない無機質な建造物を奥に進み、エレベーターで四階まで昇り、さらに奥に進んだところにあるリハーサル室と書かれた部屋の前で担当者から〝No. 1〟と書かれたエントリーシートを受け取り、別室にて待つように告げられた。

一番乗りの別室はよくクーラーが効いていた。シートに名前や身長体重などを書き込み、初めてのオーディションも一番だったな、などと思い返したりしていると、スーツを着た男たちが続々と部屋に入ってきた。その中に澤田がいた。

澤田はもともと同じ事務所に所属していたが、一年ほど前に他の事務所に移り、会うのはそれ以来だった。身体が大きく、年下のくせに帰国子女であることを理由に偉そうな態度をとる澤田は、共に事務所のレッスンを受け、終わった後には酒を飲みながらシェークスピアや演技論について熱く語る男だった。彼の語るシェークスピアや演技論の話はあまり意味がわからなかったが、それでもよく通る大きな声で延々と語る彼はどこか面白みがあって好きだった。

お互いに小声で再会を喜びながら近況を交わした。彼の太くてよく通る声は小声でも室内に響き、アニメのように「ワッハッハ」と笑う彼の独特な笑い声は明らかに他の参加者たちのヒンシュクを買っていた。そうこうしているうちに担当者が来て、エントリーシートの番号順に五人ずつの組に分けられた。澤田と同じ組になった。

リハーサル室に入ると中には数人の男性がニコニコしながら長机に着き、その傍のホワイトボードには、

『美少女戦隊モノのオフ会』

と大きく書かれていた。横並びに五つ置かれたパイプ椅子の前に、言われるでもなく五人がそれぞれ立つと、長机の中央に座る総監督と名乗る男性から着席を促された。これから一人ずつ起立して自己紹介をしなくてはならないのかと憂鬱な気分でいると、総監督が言った。

「今から皆さんにホワイトボードに書いてあるテーマでエチュードをやってもらいます」

エチュードとは簡単に言うと「即興劇」つまり台本のない芝居を即興で作り上げていく事である。オーディションでエチュードをするなんて初めての事だった。

総監督は続けた。

「ルールはひとつだけ、怒る芝居をしないでください」

あとで総監督から聞いた話だが、エチュードをすると、誰かが必ず怒る芝居をしだして、それにつられてみんなが怒り出し、うるさくて聞いていられないからなのだそうだ。

そこまで聞いて、三番の男性が手を挙げてこう質問した。

「オフ会ってなんですか？」

「ネット上で知り合った同じ趣味の人たちが実際に会って話したりする会です」

「それは出会い系みたいなものですか？」

と四番の人。

「そういうんじゃないです。ま、あとはやってみてください」

総監督は質問を締め切り、「よーいスタート」の声でエチュードの幕が上がる。

事務所のレッスンでは飽きるほどエチュードをやっていたが、他の事務所の役者とやるのは初めてだった。それでもエチュードが嫌いではなかったし、テーマに関してもそう無知なわけでもなかったので、あまり気負わずに臨むことができた。

「あ、どうもはじめまして、トラです」

「トラさん？　苗字ですか？」

「いえ、ハンドルネームです」

「え？」

他の参加者はネット用語があまりわからなかったようだったが、澤田が答えてくれた。

「はじめまして、バトーです」

「あー！　あなたがバトーさん、カキコミと全然イメージちがいますね～」

「トラさんこそ、女性かと思ってましたよ」

「ブサイクで申し訳ない。バトーさんこそ名前からして、あれもお好きなんですか？」

「いやいや、セラセラムンムン命ですよ」

澤田の発言でその会はセラセラムンムンのオフ会となり、他の参加者もようやく理解ができたのか、それぞれおかしなハンドルネームを名乗り出した。そこからエチュードはテンポよく進み、セラセラムンムンの話についていけずに「僕は実は演技に興味があるんですよ」と強引にテーマを変えようとする人がいたり、怒るなと言われていたのに怒り出す人がいたりもしたが、他の事務所の人とのエチュードは刺激があったし、何より久しぶりの澤田とのエチュードが楽しかった。

五分ほどエチュードをしたところで総監督が手を叩きセラセラムンムンのオフ会の幕が下りた。次に台詞の書かれたA４用紙が配られて、刑事モノらしき台詞の読み合わせをした後、

「では最後に手短に自己紹介をしてください」

最後に自己紹介というのも珍しいなと思いながらも、一番なので、あれこれと考える間もなく立ち上がり、所属事務所と名前を言うと、エチュードと読み合わせで身体も舌も温まっていたせいか、恐らくそれまでの人生でここまで流暢に言えたことがない程にはっきりと名前を言うことができた。名前を言うことができた喜びが腹の奥からじわじわと込み上げてきて、思わず笑いそうになった。

「特技はなにかありますか？」

いつもは『じゃんけん』や『タックル』などと適当な事を言っていたが、調子に乗って、まだ始めてひと月も経っていないのに、

「総合格闘技です」

と答えた。

オーディションを終え外に出ると、日は傾き心地良い風が吹いていた。駅までの道を澤田と歩き、オーディションを振り返った。今までで一番楽しいオーディションだったが、それ以上にきちんと名前が言えたことが嬉しくて、帰り道は来るときとは違う世界を行くようだった。

一ヶ月後、そのオーディションに合格したと事務所からメールがきた。時間が経っていたこともあり、あまり感動もなく、自転車に乗ってだらだらと台本を受け取りに事務所へと向かった。事務所に着くと、いつも厳しい事ばかり言う日立という女性マネージャーが、相も変わらず仏頂面で「はい」と台本を寄こした。役どころだけでも確認しようと後半のぎゅうぎゅう詰めに並んだ配役の中にあるであろう名前を探した。まず一番最初にある主役の名前を見て「おー」と思いながら次の頁をめくると、最近よく見る女優の名前があった。そしてその隣に自分の名前が堂々と書かれていた。

「え！」

大きな声が出た。台本が落丁しているのではないか、前の頁との間に数頁ひっついているんじゃないかと指で強くめくってみたりもしたが、やはり名前は三番目にあった。混乱しながらも、役名を確認して台本の本文をざっと読むと、出番も台詞もとんでもなく多かった。身体中の毛が逆立つような感覚を覚えながら顔をあげると、日立さんはニヤリと笑った。

「おめでと」

日立さんの説明によると、そのドラマは十一月から放送がはじまる深夜枠の連続ドラマだという。深夜にもかかわらず、主演もトメの俳優も豪華で、さらにスタッフにもヒットメーカーが多く名前を連ねていた。そんな作品にこんな大役で出て大丈夫なのかと日立さんに尋ねると、大丈夫じゃないかもしれないから二週間後の撮影までに出来る限りの準備をしろと言われた。

事務所を出て、熱に浮かされたような気分で自転車に乗った。その時はドラマ出演が決まった喜びなんて少しもなく、頭の中は焦りや恐怖でいっぱいのまま「やばい、やばい」と呟きながらペダルを漕ぎ、まずはT屋に向かい、総監督の作品を片っ端からレンタルした。家に帰り改めて台本を丁寧に開いて読むと、鼓動が高鳴るほど面白く、それが一層緊張に拍車をかけて、読み終わるころにはびっしょりと汗をかいていた。

数日後、劇中で身につける衣装や小道具を確認する衣小合わせがあり、そこで改めてスタッフやオーディションにもいたプロデューサーと総監督、二人の若手の監督に挨拶をし、気になっていた、オーディションで選ばれた理由を聞いた。

総監督は、

「エチュードの反射神経がよかったから」

と答え、若手の監督のひとりは、

「顔が面白いから」

もうひとりの若手監督は、

「滑舌が悪いからダメだねとみんな言ってたけど、滑舌なんて関係ないと僕が推したんだ」

と話し、プロデューサーは、

「総合格闘技やってるから」

と言った。

総監督の作品は全て観たし、台詞もなんとか覚えたけれど、他にどんな準備をすればいいのかわからず、事務所のレッスンで指導をしてくれていた大先輩俳優に相談すると、所属する俳優女優数人を集め、芝居の合わせをしてくれた。大先輩は、監督の演出がどうなるかわからないが、どういう演出でも自然に動けて台詞が出てくるようにと、何度も動きを変えながら出番のあるシーンを繰り返した。稽古後、皆で思い出話を肴に酒を呑んでいると澤田の話が出た。その時ようやく思い出し、澤田の名前が台本になかったことに気がついた。

撮影前から人に助けられ、撮影に入ってからはさらに多くの人に助けられた。こうして初の連続ドラマのメインキャストという大役に重圧を感じながらも、充実した時間を過ごし、さらにドラマも大ヒットして、これでやっとバイト生活から脱け出せる、とアルバイトを辞めたものの、撮影が終わった頃には借金苦とバイト生活に逆戻りした、というのはまた別のお話で。

18　プロポーズ大作戦

子供の頃から人を驚かすことが好きだった。泣き真似をしたり、病気になったふりをしたり死んだふりをしたりして、親や学校の先生らを驚かせては怒られていた。きっと相手をしてもらえる、構ってもらえると思ってやっていたのだろう。それは好きになった女の子に対しても同じだった。

小学校の修学旅行で鳥取の大山(だいせん)に登った。幸運な事に、片思いしていたゆかりちゃんと同じ班になった。小学生の足には大山登山は楽ではなかったが、屈託のない笑顔で話をするゆかりちゃんが同じ班にいるだけで疲れなんて感じなかった。そんな彼女の気を引きたい一心で、登山道から転げ落ちるふりをした。転げ落ちそうになるところで、持ち前の運動神経で手すりのロープを摑むはずだったのだが、思っていたほど運動神経がよくなかったようで、ロープを摑みそこない、五メートルほど下まで転げ落ちてしまった。ゆかりちゃんは涙目で心配してくれて、以後の道中ずっと気にかけてくれ、たくさん話ができ、二人の距離は一気に近くなった。ゆかりちゃんは驚かし甲斐のある子だった。修学旅行の後も、しょっちゅう驚かせては「もー！」と怒らせていたが、彼女の「もー！」を聞くのが好きだった。

ゆかりちゃんには気持ちを伝えることなく転校してしまったが、それからも女性の「もー！」を聞きたくて、好きな人ができるたびに驚かせていた。ただ、「もー！」と言われたからといって、その人が好意を抱いてくれている訳ではないとわかったのは、それから随分と後のことだった。

＊

役者を志して上京し、苦労したような苦労していないような八年間を経て、大ヒットドラマでレギュラーの役を得て、ようやくアルバイトを辞める事となった。借金はまだまだ残ってはいたものの、彼女との同棲生活も六年目に近づき、そろそろ一人前の男としてプロポーズをしようと決意した。この一生に一度の告白を普通にやったのでは面白くもなんともない、とはいえ夜景の見える高級フランス料理店に行くほどの金もなく、なんとか安くて思い出に残るものにできないものかと近所の銭湯に浸かりながら壁に描かれた富士の山を見て、ぼーっと考えた。富士山に登ったことはない。かつて映画の撮影で麓まで行った時に、その大きさに圧倒され、いつか登らなければと思いはしたものの、思っただけで登ることはなかった。そんな事を思い返した時に閃いた。これから苦楽を共にする人と富士山に登り、厳しい山道を登った先にある素晴らしい景色を望みながら婚姻届を渡せば、きっと素晴らしいプロポーズになると。

さっそく富士山の登頂経験のある友人から話を聞くと、頂上までの道のりは険しいから、登山の経験がないのなら、まず高尾山あたりで経験を積むべきだと言うので、家に帰って彼女に高尾山登山を持ちかけてみた。当時の彼女は部屋でゴロゴロするのが趣味だったので、唐突な登山の誘いに戸惑いを見せたが、二人で登山をするのは面白そうだと話に乗った。ならばとあらかじめ練っていた登山計画を話すと、彼女はケーブルカーを使わないことに難色を示した。さらに、黙ってはいたが最終目的は富士山登頂なので、日々の体力づくりも欠かせないからジョギングをしようと持ちかけると、あからさまに嫌な顔をして言った。

「そこまでするのはしんどい」

プロポーズのために必要なことだから、とも言えずに、少し憤りを感じながらも富士山登頂はもちろん、高尾山登山の計画も白紙に戻すこととなった。

そんな話を、行きつけの渋谷のとある横丁の一角の小さな呑み屋で愚痴ったところ、店主が屋久島ならどうだろうかと提案し、そこに隣で呑んでいた常連のお姉さんが話に割って入った。屋久島を二人でトレッキングして、有名な縄文杉の下でプロポーズをすれば永遠の愛が約束されるという。そこに至るまでの道のりは易しくはないけれど、屋久島の大自然を歩けば疲れなんて感じないとお姉さんは熱弁した。

さっそく家に帰って彼女が寝た後にこっそりとパソコンを立ち上げて屋久島について調べてみると、お姉さんの情報通りで、島育ちの彼女も気に入ってくれそうな島だった。飛行機代と宿泊費を考えると高級フランス料理店に十分行けるくらいの金額だったが、もうプロポーズする場所は屋久島以外考えられなくなっていた。だが、ネットには「冬の屋久島はかなり寒い」と書いてあった。彼女は寒さに弱いので暖かくなる春まで待つ必要があったが、春から夏にかけて映画の撮影があり、そうなると夏の終わりか秋までプロポーズを先延ばしにしなければならなかった。

といった話を後日、呑み屋の店主に報告に行くと、店には有田さんという常連の客がいた。有田さんは六十前後のおじさんで、噂によると芸能関係の仕事をしているらしかったが、本人はそういう話をほとんどしないので、その正体は謎だった。有田さんはシラフの時は寡黙で妙な迫力のある人だったが、酒が少し入ると下手くそな博多弁を話し、終始おかしな替歌を歌う植木等のような陽気なおじさんへと変身する。いつも有田さんは彼女の事を、

「こんないい子はなかなかおらんと」

と褒めちぎり、彼女にだけ酒をおごり、早く結婚しろと言った。

店に入った時点で有田さんはすでに出来上がっており、よくわからない歌を口ずさん

でいた。挨拶をして席に着くと、有田さんは開口一番、

「プロポーズしたと?」

と顔をふにゃつかせながら言った。ちょうどその話を店主にしに来たので、プロポーズするつもりだったけど、紆余曲折があり、半年ほど先になりそうだと話すと、ふにゃふにゃだった有田さんの表情がカッと鋭くなり、低い声で言った。

「そんな事言ってたらいつまでたっても結婚できないぞ。明日プロポーズしろ!」

今まで見たことのない有田さんの迫力に押され「はい」と返事をした。すると店主が、

「プロポーズは明日にして、入籍は一番近い大安の日にすればいいよ」

と言って、どこから出したのか暦の本をカウンターに置いた。

それによると一番近い大安は二月十七日とあったが、その日から仕事で二週間近く京都へ行くことになっており、その次の大安も京都の滞在期間と重なっており、さらにその次の大安は東京に戻って来る翌日の二月二十九日となっていた。それを聞いて有田さんもマスターも興奮したように「この日しかないよ」と盛り上がった。彼らがなにをそこまで興奮しているのかわからなかったが、その年は閏年で、つまりその二月二十九日は四年に一度しかない日であり、しかもそれが大安だというので二人は色めきたったのだ。

あくる日、仕事に行くふりをして渋谷区役所へ婚姻届を取りに行った。

係のおばさんが、

「二通でよろしいですか？」

と聞くので、

「一通でいいです」

と答えると、

「書き間違った時のために二通あったほうがいいですよ」

と言うので二通もらうことにした。

婚姻届はもらったものの、これを普通に渡しては面白くもなんともないし、とは言え富士山にも屋久島にも連れて行けない。それでも、ほんのささやかでもいいからサプライズで渡したいと考え、コンビニで大判の茶封筒とペンと切手を買って行きつけの喫茶店に入った。コーヒーを飲み、煙草を一本吸って気持ちを落ち着かせ、まず婚姻届の〝夫になる人〟の欄を丁寧に埋めて、書き間違えがない事を念入りに確認した。そしてコンビニで買った封筒のおもて面に家の住所と彼女の名前を、裏の差出人の箇所には筆跡を変え『渋谷区役所戸籍係』と書き切手を貼り、二枚の婚姻届を二つに折り、一枚ずつ入れて封をした。

家に帰ったのは昼過ぎで、出来るだけすました様子をつくろって「ただいま」と声をかけた。寝起きのような声で「おかえり」と応えた彼女は、部屋の真ん中でゴロゴロしながら携帯ゲームに熱中していた。

「渋谷区からなんか郵便きてるよ」

茶封筒を差し出すと、

「置いといてー」

と一瞥もせずに彼女は言った。すぐに中身を見るものだと思っていたので拍子抜けしたが、すぐに開けるように促すとサプライズの効果が薄れてしまうので、ちゃぶ台の上にそれとなく置いて、パソコンをしたり、本を読んだりしながら彼女の動向を窺った。一時間経っても二時間経っても彼女はずっとゴロゴロしたままゲームに勤しみ、卓上の封筒に気を向ける様子すらなかった。ならばと封筒を彼女の視界に入るように、少しずつちゃぶ台の端へ端へとずらしてはみたものの、それでも彼女はゲーム画面に集中したままだった。

そうこうしているうちに日も暮れ出し、一向に封筒を開かない彼女に、徐々に苛立ちを覚え始めたころ、彼女が口を開いた。

「お腹すいた？」

そんな事よりも、さっさと封筒を開けてくれ、と言うわけにもいかず、

「まあまあ」

と適当に答えると、

「私も」

と彼女は伸びをしながら言った。

我慢は限界に達しようとしていたが、二人の人生の一大イベントで、決して苛立ちを表に出すわけにはいかないので、できうる限り平穏を装って言った。

「区役所からの郵便なんやろね」

彼女はすっかり忘れてたと言わんばかりに「あー」と返事して、面倒そうにその重い腰をあげた。

ついに、ついに封筒を開ける。昂る気持ちをグッと抑え、何事もないかのように、彼女に背を向けていると、彼女が声をあげた。

「えっ⁉」

その声は予想していたよりも、どこか素っ頓狂だったが、それでもあくまで何食わぬ顔で振り返り、聞いた。

「どうしたん？」

封筒から婚姻届を半分ほど引き出したまま固まる彼女は、

「渋谷区が早く結婚しろってこんなの送ってきたよ」

「え？」

「ほら、婚姻届」

彼女は婚姻届を手にしてそう言ったが、それは何も記入されていないほうの婚姻届だった。

「そんなわけあるか」と言いそうになったが、そこも冷静に、少し驚いたふりをして「へー」と応えると、彼女は「都会は違うね」と言いながら婚姻届を封筒に戻し、ちゃぶ台に戻そうとしたので、

「もう一枚何か入ってたでしょ⁉」

と思わず言った。

彼女は小首を傾げて再び封筒の中に手を入れて、一枚出し、二枚目を出したところでまた固まり目を見開いた。とたんに彼女はボロボロと涙を流し、何か言おうとしたが声にならないようだった。そこでできるだけ男らしく言った。

「お願いします」

「ありがとう」

泣きじゃくりながら彼女は答えた。

予想通りに運ばなかったサプライズだったが、とても素敵なプロポーズだったと彼女は言ってくれた。富士山に登るよりも屋久島に行くよりも良かったかもしれない。彼女

は『妻になる人』の欄を一文字一文字丁寧に書き入れてくれた。ようやく完成した婚姻届を二人でしげしげとながめながら、店主と有田さんとの話をして、京都から帰ってくる翌日の二月二十九日に一緒に区役所に持って行く約束をした。

次の日、例の呑み屋に顔をだした。店主にプロポーズの顚末を報告すると、大笑いしてビールを一杯おごってくれた。小一時間ほどして、横丁の共同トイレへと小用に立つと、違う店から鼻唄を歌いながら出て来た有田さんとばったり出くわしたので連れションした。横並びの小便器に向かって用を足しながらプロポーズが成功したことを報告すると、有田さんは顔をくしゃくしゃにしてボロボロと涙を流して喜んでくれた。それが嬉しくて思わずボロボロともらい泣きしてしまった。しばらくは二人とも涙もおしっこも止まらなかった。

その週末に京都へと発った。彼女と二週間近く離れ離れになるのは、一緒に暮らすようになってから初めてのことだった。初めて行く京都の撮影所には何かと恐ろしい噂が多かったが、怖いものなんてなかった。だがそんな京都で、役者として、そして男として予想だにしなかった試練が待ち受けていたというのは、また別のお話で。

19　お憑かれどすえ

　生まれ育った兵庫県の尼崎市。今や関西では住みやすい街ランキング一位に輝くその街は、東は大阪、西は神戸の大都市に挟まれ、大阪湾に面した沿岸部には大小様々な工場が乱立し、阪神工業地帯の中核を担う工業都市および公害の街として、かつては社会科の教科書にも載るほど有名だった。工業地帯として発展したということはそれだけ各地から出稼ぎでやってくる男たちが多く、呑み屋や公営賭博場、風俗店が居並び、それを目当てにまた人々が集まって来る、つまり簡単に言ってしまえばガラの悪い街として関西だけではなく全国的に有名だった。その街の住人はそれなりに自分の街に誇りを持っている。例えば、市外局番が大阪市と同じ「〇六」なので、大阪とおなじくらい都会だと自負していたり、更には「アマ・ロス・パリの世界三大都市」という人もいたりする。そんな強がりを言うのは、関西の人間は尼崎の事を侮蔑を込めて「アマ」と呼ぶからに他ならないからで、特に露骨に「アマ」を蔑視を込めて言う人が多く住む街が、世界屈指のはんなり都市、京都である。

　母方の祖母は生粋の尼っ子だったが、そんなはんなりな京都が好きだったようで、よく連れて行ってくれた。神社仏閣を巡ったり、買い物したりする事に興味はなかったが、普段あまり口にできない少し上品な料理を食べられるのは子供ながらに嬉しかったし、帰りにこっそり小遣いをもらえたので、京都に行くのは好きだった。恐らくその頃あたりから、京都に対する憧れのようなものが芽生えていたらしく、大学は京都の大学をいくつか志望した。

志望した京都の大学はすべて落ちたが、兵庫県内のそこそこいい大学に合格した。合格を機にバイクの免許を取ろうと思い、とにかく安い教習所はないかと探すと、驚くほど安い教習所が京都の西院(さいいん)にあった。ちょうど予備校に通うのに利用していた阪急の十三(じゅうそう)駅までの定期券があったし、その教習所は金額だけではなくて、卒業までの最短日数も他と比べて圧倒的に短かったので、少し遠かったがそこに通った。

教習所を無事に卒業してからも京都通いは続いた。その年は阪神・淡路大震災の影響で大学の入学が一ヶ月近く遅れたため、暇になった四月を有効活用するべく、京都のあらゆる大学の新歓コンパに、その大学の新入生と偽って参加した。

その後、在学中、中退後も京都へはちょくちょく夜遊びに行き、そこで知り合った、何を言ってもよく笑ってくれる女の子と付き合いはじめて、また京都へ通った。その彼女にはずいぶんと酷い思いをさせて別れたのだが、ともあれ思い返せば何かとお世話になった街だった。

＊

大ヒットドラマに出たことで、出演オファーが押し寄せるはずだとアルバイトを辞めたはいいものの、事務所からの電話はほとんど鳴らず、逆にこちらから出向いてギャラの前借りをお願いしに行くと、マネージャーの日立さんから「ナイスタイミング」と大判の封筒を手渡された。中を見ると一冊の台本と新幹線のチケットが入っていた。

「京都に行ってもらいます」

ほぼひと月ぶりの仕事の内容は、知らない人がいないほどの長寿番組でもある諸国漫遊時代活劇だった。それはさほど長くもない役者人生で初の時代劇であり、初の太秦（うずまさ）・東映京都撮影所での仕事だった。

そこは時代劇だけではなく多くの映画やドラマが作られてきた、役者にとっては憧れのような場所ではあったが、東京の撮影現場とは何かと勝手が違い、スタッフの方々が厳しく、しかも東京から来た役者に対しては尚の事厳しいと、どの先輩方も口を揃えて言うような恐ろしい場所でもあった。台本を読むと、役どころは弥兵衛という茶問屋の使用人で、かなりの量の台詞があった。これまた役者人生初の色恋もので、相手役はテレビでよく見る美人女優だった。誰もが不釣合いだと言うような美人女優と、許されぬ恋に落ち、駆け落ちをする。想像するだけで汗が滲んだ。

そんな事を妻、正確に言うと、その月の末に妻になる予定の彼女に報告すると、

「良かったねー、綺麗な人が相手で。楽しんどいでー」

とケラケラ笑って送り出してくれた。入籍まで二週間を切った頃だった。

二月十七日
人生で初めて新幹線に乗り京都に入り、指定されたビジネスホテルにチェックインした。立派なホテルだったが、客室は狭く、どんよりとしていた。荷解きをして、カツラ・衣装合わせをするために、撮影所へと向かう。ホテルから路面電車と徒歩で三十分の場所に撮影所はあった。敷地内の俳優会館と呼ばれる建物に入ると、監督やプロデューサーたちにニコニコと迎えられた。

「観てましたよ、面白かったですね」

などと例の大ヒットドラマの事を言ってくれたので少し緊張が解けた。

カツラ合わせを担当する床山さんは見るからにベテランの男性だったが、お世辞にも愛想のいい方ではなく、ブツブツと「頭がおおきいなあ」とか「デコが狭いなあ」などと小言を散々言われ続け、終始苦笑いのまま終わった。衣装合わせは恰幅のいい女性の衣装さんに、甲高く刺すような口調で「太ってるから着物がよう似合うな」と、褒めら

れているのか文句を言われているのかわからずに、こちらも終始苦笑いのまま終わった。帰り際、思っていたよりも若い監督がニコニコとしながら「期待してますよ」と言うので「期待しないでください」と苦笑いで返した。

撮影所を出る頃には日が暮れていたので、夕食をとってからホテルに戻る事にした。それが京都滞在一日目の食事とはいえ、この撮影のための滞在は十二日間あり、その間食事代が支給されるわけではない。食費を切り詰めなければならなかったので、ホテルの近くの牛丼屋に入った。

昼よりも一層どんよりとした部屋に戻ると、一気に疲れが押し寄せてきて、夜は長かったが、早々にベッドに入った。目を閉じて、初めての時代劇、初めての恋愛話、初めての太秦などなどと初めてづくしな事を想うと目は冴えるばかりで、夜が更けるにつれて怖がりの虫も騒ぎ出し、ベッドの中で身悶えしながら寝たような寝ていないような時間を過ごした。

二月十八日

撮影所に着くと、楽屋で前開きの服に着替えてからまずカツラをつけに床山さんの所に行って、それから衣装部屋に行くように指示された。前開きの服とは、浴衣やジャージのような、カツラをつけてからでも脱げる前の開く衣服を指すのだが、持ってこいと言われた記憶などなく用意をしていなかった。やむなく裸にコートで床山さんの所へ行った。愛想のよくない床山さんは、裸にコートを着てメイク前に座るおかしな男を訝って「寒いんか？」と言うので、訳を話すと「アホやなあ」と鼻で笑ってカツラをつけ始め、またブツブツと言いだした。

「狭いデコやなぁ」

「すんません」

「ややこしい生え際やなぁ」

「すんません」

「……自分関西かいな？」

「はい」

「どこなん？」

「尼崎です」

「へぇ、アマかいな！」

床山さんは破顔し、鼻をならした。

「アマ出身やったらそらアレやなあ」

何かに合点がいった様子で、尼崎の事を「ええとこや」と言いながら、ガラが悪いだの水が汚いだの街が臭いだのと糞味噌に言う。だが随分と楽しそうに話すので、少し距

離が縮まった気がした。そんな床山さんに出身を聞くと、

「ボクは京都ですよぉ」

勝ち誇ったように彼は言った。

カツラをつけ終わって衣装部屋に行くと、恰幅のいい衣装さんが前日とは打って変わって屈託のない笑顔を見せてくれた。

「自分アマなんやて？」

「はい」

「アマやったら色々わからへんことあるやろうけど、なんでも教えたげるからね」

「ありがとうございます」

なぜ「アマやったら」なのかは置いといて、床山さんと衣装さんが笑顔を見せてくれたおかげで、それまであった緊張がまた少し解けた。

撮影が始まった。恐ろしいと評判の京都の撮影スタッフたちが待ち構える現場に着くと、一癖も二癖もありそうな男たちが、待ってましたとばかりににこやかに出迎えてくれて、「観てたで」「面白かったわ」など例の大ヒットドラマの感想を我先にと話しかけてくれたので、さらに自信を持って撮影に臨むことができた。

最初の撮影は、旅籠（はたご）から飛び出して雨の中を駆けて行くシーンだった。監督からおおまかな説明をうけ、段取りで動きと芝居を確認して、次にテストが行われる。旅籠から

飛び出して雨の中を脇目も振らずに駆け抜けろ、と監督から指示されていた。ところがテストが始まる直前に、恰幅のいい衣装さんが着物の直しをしながら小声で「あのな」とはじめた。

「旅籠出たら雨が降ってるやろ？　せやからまず上見て雨が降ってるな、って芝居せなあかんで。それからカメラが左の方から撮ってるやろ？　せやから上見た後は左見て焦った顔をカメラに売っといてから決意して右に走って行くんやで」

出身が尼崎だからこんなにも優しく教えてくれたのかはわからないが、衣装さんから芝居の演出をされるとは夢にも思わず、これが京都なのかと唾を飲んだ。そんなオーバーな芝居でオーケーが出るとも思えないし、そもそも監督からは脇目も振らずに駆けて行けと言われている。とは言え衣装さんの親切心を無下（むげ）にしてしまうと後が怖いような気もして、ほんの僅（わず）かに迷った挙句、衣装さんの言う通りにやってみることにした。

「よーいスタート」

旅籠を飛び出し、上を見て手で雨が降ってるなとやって、左を見て焦った顔をしてから唇を噛み締めて右へと駆けて行った。

「カット」

モニター前に座る監督から大きな声で「弥兵衛さん、ふざけたらあきませんよ」と注意が飛び、大きな声で「すんません」と謝った。そしてホースで雨を降らせての本番、直前に再び着物を直しに来た衣装さんは小さな声で言った。

「ごめんな」

それ以降も彼女は優しく接してくれたが、芝居に口を出すことはなかった。

次は主演のご老公と、共に旅をする忠臣二人との芝居場だった。子供の頃からずっとテレビで見ていた人が目の前にいる緊張もあって、いつにも増して自分の名前をはっきり言えなかったが、にこやかに「よろしく」と応えてくれ、忠臣役の先輩俳優お二方は「見てたよ！　面白かったね！」と例の大ヒットドラマを絶賛した上に、誰から聞いたのか前開きの服を持ってない事を知っており、浴衣を貸してくれた。その日の撮影は順調に進んだ。初めてづくしでわからない事も多々あったが、その都度共演者やスタッフの方々に教えてもらった。それまで抱いていた太秦のイメージは一体なんだったのかと思えるほどに皆優しく、夜はプロデューサーがちょっといい中華料理をご馳走してくれた。緊張から少し解放されたせいか年代物の紹興酒をしこたま呑み、心地よい疲れとともに部屋に帰ったが、あくる日の相手役女優さんとの撮影を思うと緊張して寝つきが悪かった。

二月十九日

テレビで観るより何倍も美しい女優さんとのシーンは試練の連続だった。

「お前さん」

「おさち」

見つめ合う二人、そこでカットの声がかかった。もはや本番中は無心に近い状態になっていたが、なんとかやり遂げ、思わず大きな安堵の息を吐いた。

「もう一回いきます」

監督が非情な言葉を発して、さらに続けた。

「弥兵衛さんはもっとおさちさんを好きって気持ち出してください、目が泳いでましたよ」

恥ずかしさから、カツラの中でどんどん汗が噴き出してきて、潰してあった地肌とカツラの境界線がシワを帯びてくる、それを床山さんが「汗掻きすぎや」と怖い顔して直しにくるものだから余計に汗が出る。本番二テイク目では目が泳がないようにと心がけるあまりに、台詞がおかしくなり、さらに汗が出て逃げ出したいほどだった。そんな心境に気づいてくれたのか、女優さんは、

「カツラって暑いですよね」

などと明るく話しかけてくれて、緊張が少し解けた。

テイク三。しっかりとおさちの目を見て話ができた。ところが監督は「もう一回」と言い、近づいてきて「おさちさんが顔を寄せてきた時に、弥兵衛さん体が仰け反(のぞ)ってま

すよ」と小声で言った。そんな馬鹿なとは思ったが、次のテイクに仰け反らないように気をつけてみると、たしかにおさちが顔を近づけると反射的に頭が後ろへ引っ張られた。それはまるで磁石のS極にS極を近づけたかのような現象だった。それからさらにテイクを重ねて、監督の妥協したかのようなOKでその日は終わった。テイク数は七を数えたが女優さんはその間、嫌な顔一つせず気さくに話しかけてくれ、終わってからも人懐っこい笑顔で「お疲れ様でした」と声をかけてくれた。

二月二十日

撮休日。牛丼を食べる。

二月二十一日

おさちと、おさちの許嫁(いいなずけ)の番頭とのシーンの撮影。番頭役の俳優さんも例の大ヒットドラマを観ていてくれたので、会話が盛り上がる。聞けば同い年、血液型もAB型と同じだった。昔からAB型の人とは仲良くなりやすい傾向があるとお互いにまた盛り上がっていると、横で聞いていた女優さんが身を乗り出して言った。

「私もABですよ」

しかも女優さんは星座も同じで、誕生日は数日違いだった。そう知ったとたんに、今までの緊張がどこかへ行ってしまい、まるで旧知の仲のように話が広がり、そうなると一緒に芝居をするのが楽しくなった。女優さんとも仲良くなれて、なんだかんだで京都での撮影が楽しくなり、その夜はいい気分になって寝た。
深夜に目が覚めた。なにかがおかしいと思ったら、体が動かなかった。人生で初めての金縛りは、恐ろしくて仕方がなかった。疲れのせいだろうと思うように努めたが、結局怖くて一睡もできなかった。

二月二十二日
朝からおさちと番頭とのシーンを撮影。昼食は三人で撮影所内の食堂で食べる。名物の肉うどんを一口、口に運んだその時、胃に今まで感じたことのない違和感を覚えた。それは生まれて初めて体験した、食欲不振という状態だったのだが、それまでの人生、どんなに体調が優れなくても食欲が衰える事は決してなかったので、その事がショックだった。そんな様子を二人が訝り、風邪じゃないかとかなんとかと心配してくれたので、京都に来てから満足に睡眠がとれない事と前夜にあった奇怪な現象を話すと、京都に何度も来ている番頭さんが即座に答えた。
「あそこは出ますよ」
恐らくそうなんじゃないかとは思っていたが、はっきりと言われたのではもうそうと

しか思えず、あの部屋に戻る事はもちろん寝泊まりする事すら考えられない。そんな絶望を吐露すると、

「私の泊まってるホテルすごくいいですよ」

親身に話を聞いてくれた女優さんはそう言い、彼女のマネージャーさんにお願いして空室がある事まで確認してくれた。地獄に仏とばかりにすぐにそのホテルに電話をして部屋を押さえてもらった。その日のチェックアウトの時間は既に過ぎていたので、コンビニで買った塩を部屋に撒き、決死の覚悟で寝ずの夜を過ごした。

二月二十三日

撮休日。西院のホテルに引っ越した。鍵をもらって部屋に入ると、とても雰囲気がよく、空気清浄機まであった。荷ほどきをしてホテルの周りを散策した。学生時代に二輪免許取得のために通った西院の印象は良くも悪くもなかったが、幽霊ホテル近くの牛丼屋とは別の牛丼屋が二つあったのは嬉しかった。一方の牛丼屋に入り、牛丼大盛りを頼んだ、京都に来てから食べ続けた牛丼屋との味の違いに舌が喜んだ。ホテルに戻ってシャワーを浴びて横になると、そのままベッドに溶けた。

二月二十四日

目が覚めると明け方の四時前だった。十四時間もの睡眠をとったせいか、頭は重かったが、それまでが嘘のように体は軽く感じ、胃の不快感もなく、空気清浄機のせいか喉もすっきりとしていた。部屋は真っ暗だったが、少しも怖くはなかった。素晴らしい部屋だと感動した。

撮影後、西院のホテルに無事チェックインしたことと、素晴らしいホテルだったことを伝え、感謝すると、女優さんは自分の事のように喜び、せっかく同じホテルだし良かったら、と夕飯に誘ってくれた。

女優さんの行きつけのおばんざいの店にマネージャーさんと三人で行った。女優さんはかなりの酒豪で、ビールを数杯飲んだ後、日本酒に切り替えた。その呑みっぷりたるや惚れ惚れするものだった。酒の量に比例して話も大いに盛り上がり、撮影当初、女優さんに緊張して仰け反ってしまったと恥ずかしながら告白すると、酒を吹き出さんばかりに、

「近づけば近づくほど離れていくので面白かった」

と笑い、

「でも誠実な人なんだと思ったし、一緒に仕事できてよかったです」

などと言うものだから、ついつい調子に乗り酒のペースは早くなった。

楽しい時間はあっと言う間に過ぎ、明日も呑もうと約束をして、共にホテルに帰った。

エレベーターに乗ると、女優さんも同じ七階で部屋は隣の隣だったので少し驚いたが、女優さんは笑っていた。思えばその夜はずっと笑っていた。廊下で深々と頭を下げて、心から感謝をして部屋へと帰った。

二月二十五日

店は西院にある趣のある安い立ち呑み屋だった。女優さんとマネージャーさんに加えて、女優さんの友達のトニーさんという陽気な日本人のおじさんも一緒だった。かなりのハイペースで酒を飲み、トニーさんに煽られるまま京都名物の〝爆弾〟をアレンジした、ジョッキにビールとマッコリを半々で入れ、その中に日本酒を注いだお猪口をそのまま投入するという危険な酒を数杯呑んで、あっという間にへべレケになった。そんな状態でトニーさんが、女優さんがいかにいい女かと始めたので、負けじとその議論に乗っかった。同じくへべレケな女優さんは謙遜しながらも楽しそうに笑った。そんな様子を見ているとさらに酒が進んだが、あくる日の撮影が早くからあることと、女優さんがオールアップを迎えることもあったので、早々に切り上げてホテルへ帰った。エレベーターに乗り、前夜の如く七階で降りた。女優さんの部屋の前でまた深々と頭を下げて回らない呂律でお礼を言うと、女優さんもドアを開け放した状態のまま、

「ご一緒できて本当によかったです」

といった旨の事をトロンと湿気を帯びた瞳で言うものだから、そのまま女優さんの部屋の中に吸い込まれそうになった。それはまるでブラックホールのような強烈な引力だった。だが幸い、いくら酔っていてもそんな大胆な一歩を踏み出せる根性などなくて、慌てて自室へと逃げ入った。

二月二十六日

おさちのために致命傷を負った弥兵衛、涙ながらに別れを惜しむおさち。おさちはずっと弥兵衛の手を握り、事切れた弥兵衛にすがって泣きに泣くのであったが、弥兵衛としては事切れた後はもちろん微動だにせずに死んでいなければならない。すがりつく女優さんの息づかいや、香りなどをあまりにも間近に感じて鼓動は早くなり、血流は顔に集まって、死んでいるはずなのにどんどん息を吹き返しているように見えるのではないかと気が気ではなかったが、一発でオーケーとなり、そのシーンをもって女優さんはオールアップとなった。お互いに冗談まじりに感謝し合い、またいつかご一緒できれば、なんて事を言って女優さんは東京へと帰って行った。

二月二十七日

弥兵衛のシーンは残すところあと二日だった。不安だらけで入った京都での撮影は蓋を開けてみれば楽しいことばかりだったが、何か心に穴が開いたような気持ちだった。それはよく考えるまでもなく、おさちが、いや女優さんが帰ってしまった事が原因で、実は一緒に酒を呑んだ夜からおさちの事で頭がいっぱいになっていた。それはあくまでおさちに対してだと思っていたのだが、考えるうちに女優さんに対してなのではないかと思うようになっていた。入籍を間近に控え、それまで彼女以外の女性を好きになった事などなかったのに、このタイミングで、他の女性を好きになるなんて事は有り得ないと思いたい気持ちが、女優さんを想う気持ちにどんどん寄り切られていくのを感じながら、その日の撮影を終えた。

二月二十八日

撮影最終日。その日は忠臣役のお二方とのシーンが主だった。この先輩俳優お二方は年齢が近かった事もあり、撮影中は何かと良くしてくれた。そんなお二方に、こんな事聞くのはなんですが、と前置きをして、前日から頭を悩ませていた、おさち、もしくは女優さんへの気持ちを相談してみた。すると年長の方の先輩が、すぐに合点がいったように答えた。

「それは感情移入だよ」

先輩は続けた。

「京都に来るとよくあるんだよね、俺もある」

京都という街には何か魔力みたいなものがあって、ついつい浮かれてしまう所に原因があるのではないかと分析し、先輩はさらに続けた。

「でもね、不思議な事に新幹線に乗って東京駅に着いた途端にさっぱり忘れてるんだよね」

だから気にすることはないと彼は笑った。

そういうものなのかと思うことにして残りのシーンを撮影し、弥兵衛のシーンは全て撮り切った。十二日とさほど長くもない期間だったが、強く後ろ髪を引かれるような気分で撮影所を後にした。

往路に比べると半分以下の時間の感覚で品川駅に着いた。乗り換えた山手線の車窓から久々の東京の街並みを眺め想うことは、女優さんの事だった。

東京に着いても女優さんへの気持ちは少しも薄れる事はなかった。確か先輩は東京駅と言ったが、品川駅で降りたからなのか、などと頭を捻ったとて、女優さんの事を忘れるわけはなく、そうなると持ち上がってくる懸念は、家で帰りを待つ妻、になる予定の彼女に、その事を伝えるかどうかであった。それまで彼女に対して嘘をついたことはなく、唯一の隠し事は、最初に同棲した部屋が実は事故物件だったということだけだった。

だから女優さんの事も隠さずに言うべきなのではないかと思ったが、入籍の一日前にそんな事を言うのは愚かで、彼女に対して失礼過ぎる行為だった。だがそんな気持ちを隠しておいていいのだろうか、そう悩むうち、いつの間にか新宿で京王新線に乗り換えて、気づけば幡ヶ谷の商店街を歩いていた。あと数分歩けば家に着く、彼女に会える、頭には女優さんの事があっても、彼女の事はもちろん大切だった。考える内に家に着いた。彼女には言うべきではない、そう結論が出た。

鍵を開けると彼女は、待ってましたとばかりに眩しい笑顔で出迎えてくれた。

「おかえりー」

「ただいまー」

抱き合って久方の再会を喜んだ。

「撮影どうだった？」

「すごい楽しかったよ」

「良かったねー」

「それが女優さんに感情移入してすごい好きになってしまってさ」

「え？」

彼女から笑顔が消えた。ほんの少し前に、言わないと決意したはずだったのに、なぜかあっさりと言ってしまった。それは彼女と会った喜びで思わずタガが緩んでしまったからではないかと、後々になって思ったが、とにかく言うべきではないと決めていたはずなのに、言ってしまった。

「明日入籍なのに何考えてんの？」

氷のような表情で彼女は言った。

20　同・三〇四号室

前回のあらすじ

六年間の同棲を経ての入籍を控えた彼女を東京に残して、初めての太秦・東映京都撮影所での初めての時代劇で初めての恋物語で、ストレスからか初めての金縛りと初めての食欲不振になったところを相手役の美人女優に救われて、そのうち初めての感情移入に陥り、初めて彼女以外の女性に心を奪われ、共演者の「東京に戻ればすっかり忘れる」というアドバイスを信じたものの、東京に着いても、新宿に着いても、幡ヶ谷に着いても忘れる事ができぬまま家に着いてしまい、京都での事は彼女には黙っていようと心に決めて男は自宅の玄関を開けた。

一、幡ヶ谷のマンション・三〇四号室・玄関

彼女、待ってましたとばかりに出迎える。普段はあまりしない化粧をしているようだ。

女「おかえりー」

男「ただいまー」

抱き合って二週間ぶりの再会を喜ぶ二人、お互いの体温が懐かしくすらある。

女「撮影どうだった？」

男「すごい楽しかったよ」

女「良かったねー」

男「それが女優さんに感情移入してすごい好きになってしまってさ」

短い間。

女「え？」

男「え？」

間。男、一瞬何が起こったのかわからず、なぜ言ってしまったのかを理解するより先に全身の毛穴が開く。彼女、男の目をじっと見据えたまま、氷のような表情で、女「どうするの、明日？」

男「いや、ちゃんと入籍はするよ」

女「はあ？」

男「いや……ごめんなさい」

女「何に？」

男「その、入籍を前にこんな事になってしまって」

女「そこじゃないでしょ？」

男「え？　あ、はい」

女「……バカじゃないの？」

男「いや、言わないでおこうと思ってたんだけど」

女「は？」

男「言うか言うまいかすごい悩んで、玄関開けるまでは言わないと決めてたんだけど」

女「………」

男「入籍前に隠し事するのもどうかと思って」

女「………」

男「今まで隠し事したことなかったし……ほとんど」

女「ほとんど？」
男「いや」
女「なに？」
男「……下井草の家が実は事故物件でした」

間。

男「なんか、久しぶりに会った事がうれしくて思わず言ってしまいました」

男さめざめと泣き出す。

男「ごめん」
女「泣きたいのはこっちだよ」
男「ごめんなさい」
女「好きな人が出来た、それは仕方ない。私が男でもそりゃああっちのが良いもん。正直に話す、それは誠実ですよ。けどさ、それ聞いて、はいそうですか結婚しましょうとはなんないよね？　え？　一度きりの人生なのに、自分を一番に愛してない人と私は結婚しないといけないの？　ねえ？　人の人生何だと思ってるのよ！」

男、土下座して、

男「あなたの事を一番に想ってるし、かけがえのない存在なんです。本当です」

女「………」

男「ごめんなさい」

女「………」

二、同・三〇四号室・その夜

一つのベッドに横になる二人。彼女は男に背を向けている。

男「本当に、ごめんなさい」

女「………」

男「………」

三、同・三〇四号室・翌朝

化粧をして身支度を整えた彼女、眠っている男を起こす。

女「起きて」

男「うん……おはよう」

女「区役所行くんでしょ?」

男「え?」

女「行かないの?」

男「行きます!」

男、ベッドから飛び起きる。

四、渋谷区役所戸籍係

午前中の戸籍係は、幸せそうなカップルや深刻な面持ちの女性、または下手な日本語をまくしたてる外国人など、それなりの賑わいをみせている。二人は家を出る前に確認した婚姻届をもう一度互いに確認する。

男「出すよ?」
女「本当にいいの?」
男「もちろん」

窓口の係の女性(五十代)に婚姻届を提出する。

男「お願いします」
係の女性「婚姻届ですね。二月二十九日ですが大丈夫ですか?」
男「え? あ、はい」
係の女性「ご本人の確認ができるもの、お願いします」

二人、それぞれ免許証を提示する。係の女性が婚姻届と免許証を照らし合わせて、

係の女性「(事務的に)はい、受理しました。おめでとうございます」

二人「……ありがとうございます」

二人、背中に「婚姻届ですね」という係の女性の声を聞きながら、特に言葉を交わす事なく区役所を出る。

五、渋谷区役所・外

来た時よりも晴れ晴れとした空が二人を出迎える。

妻「おめでとうございます」

夫「おめでとうございます」

妻「なんかあっけなかったね」

夫「なんかね」
妻「なんか照れくさい」
夫婦、手をつないでバス停でバスを待つ。冬にしては暖かい太陽が二人に降り注ぐ。ほどなくして笹塚行きのバスが停まり、二人乗り込む。

六、バスの中

二人がけの椅子に座り、妻はバスの揺れに身を任せて眠っている。夫はそんな妻を優しく見やってから窓の外へ目を向ける。

夫・独白「名字が同じになったとはいえ、それまでと特に変わらない日常が幕を開けました。幸せでした。しかし、どうしても拭いきれない問題が一つあったのです。もちろん経済的な事情など不安な事はいくつかあったのですが、それ以上にもっと気にかかることがあったのです」

七、幡ヶ谷のマンション・三〇四号室・三日後の深夜

一つのベッドで横になっている二人。妻は少し大きめの寝息を立ててぐっすりと眠っている。夫は眠れずに天井を見つめているが、ふいに起き出して冷蔵庫から牛乳を取り出し、コップへと注ぎ、換気扇の下で煙草を吸う。

夫・独白「例の女優さんの事が忘れられません。入籍から三日経っても頭から離れないのです。時間とともに薄れていくものかと思っていたのですが、テレビで女優さんの姿を見ると、動悸がし、それを妻に悟られまいとすると、こんどは罪悪感のようなものに、心臓が締め付けられるのです」

大きな溜息のように煙を吐き出す。煙草を消し牛乳を飲み干してベッドへと戻り、布団にもぐって丸くなる。

八、同・三〇四号室・さらに三日後の深夜

ベッドから起き出して牛乳を手に換気扇の下で煙草を吸う。煙を吸い込んでは溜息のように吐き出す。

夫「……」

煙草を消してベッドへと戻ると、妻が寝返りをうって夫のほうを向く。夫、少し大きめの寝息を立てて眠る妻の顔を何気なく見る。

夫「……!」

夫、妻の寝顔を見つめ固まる。

夫・独白「心臓を鷲摑みにされたような感覚でした。でもそれは、これまでの痛みとは違い、もしかしたら妻と初めて一緒にターンテーブルを買いに行った時

197　同・三〇四号室

に感じた衝撃と似ていました。思えば入籍してから、いつも当たり前のようにそばにいる彼女の顔を、ちゃんと見る事はありませんでした。もしかしたら見られなかったのかもしれません……。ただ、いまこうして妻の寝顔を見てようやく気づいたのです。彼女がとても美しい事を、こんなにも美しい人が隣で安心して鼾(いびき)をかいて寝ている事がどれだけ幸せな事なのかを。付き合いはじめた時、こんなどうしようもない男の気持ちに応えてくれた彼女を、死ぬまで幸せにしようという目標ができました。彼女はなにもない男に多くを与えてくれた。だから頑張ってこられたし、これからも頑張れるのだと。ようやくその事を思い出したのです」

夫、そっと妻を抱きしめる。

夫「愛してるよ」

九、同・三〇四号室・翌朝

夫、目を覚ます。妻はテレビの前でごろごろとしている。

妻「おはよう」

夫「……おはよう」

夫、換気扇の下で煙草を吸いながら、ごろごろと携帯ゲームをしている妻を見つめる。

夫・独白「いつも通りの朝にいつも通りの妻は、天気が良いせいかもしれませんが、いつもより少し眩しく見えました。その時気づきました、頭のなかにこびりついていたおこげのようなものはすっかりと消えていることに」

煙草を大きく吸う。旨い。

妻「なに？」

夫「なんにも」

妻・独白「夫の仕事は、綺麗で魅力的な女性たちとの出会いが多いので、以前からほんのりと覚悟はしていたんですが、まさかのタイミングで流石に動揺を隠せませんでした。けれど彼は、正直に話してくれ、そんな気持ちを抱えたままでも約束を守ろうとしてくれました。それまで彼と過ごした様々な出来事を振り返りながら眠りにつくと、入籍の日の朝には不思議と怒りは消えていました。不安は少しあったけど、もう一度、信じても良いかなと」

妻、幸せそうに煙草を吸う夫を見やる。

妻・独白「こちらの気を知ってか知らずか、夫はいつにも増して幸せそうに煙草を吸っています。入籍前と特に変わらない、幸せで平穏な日々は続くのですが、数年後、新たな家族が加わる事をきっかけに二人の関係は大きな変化を余儀なくされることになるというのは、また別のお話で」

夫「なに?」

妻「なんにも」

199　同・三〇四号室

21 世界ウルウル滞在記

母方の祖母は、何の仕事をしているのかよくわからないが金回りのいい人で、遊びに行くといつも小遣いをくれるので好きだった。祖母は阪神の大物駅近くのマンションの二階に一人で住んでいた。そのマンションの三階にはずいぶん前に離婚した祖父が住んでいて、四階には祖母とずいぶん仲の良い、これまた何の仕事をしているのかわからない男性が住んでいた。祖母は旅行が好きで、年に一回は四階に住む男性と海外旅行に行き、帰ってくると、

「あんたも大きなったら一緒に行こな」

と言ってお土産のキーホルダーをくれた。カメハメハ大王、エッフェル塔、京劇の仮面、ピラニアの干物、ブードゥーの人形などなど、煎餅の空き缶には祖母の買ってきてくれたキーホルダーが年々溜まり、それを手にとっては遠く離れた異国の景色を夢想し、大きくなったらいろんな土地を巡りたいと子供ながらに想った。

その後、祖母と一緒に海外に行く事は叶わなかったが、大学に入って留学生や帰国子女の友達ができると、海外への憧憬が再び強くなり、お決まりのように沢木耕太郎の

『深夜特急』に触発されて、まずはインドへ行きたいと『地球の歩き方』を買った。大学にもろくに行かず、バイトをしては遊んで暮らすような毎日を送っていたので、旅行に行く時間はいくらでもあったのだが、いくらバイトをしてもどういう訳か金が貯まらず、結局大学にいた三年間、インドどころか日本から出る事もなかった。

大学を辞めてからは心斎橋のレコード屋に入り浸り、だらだらと音楽を聴いて、だらだらとレコードを買いながら、定期的にレコードの買付けに海を渡る店長の、隣近所のように話すニューヨークという街の話を聞いているうちに、いつしか本場でジャズを、ヒップホップを聴いてみたいと思うようになった。『地球の歩き方』を買って、ついにパスポートまで取得したが、金が貯まらず、二十四年間一度も海を渡ることのないままに上京し、貯金どころか借金まみれとなる。

＊

同棲生活とさして変わる事のない新婚生活を送りつつ、大ヒットドラマに出演して、やっとアルバイト生活から抜け出せたと思ったのもつかの間、出演オファーはぽつりぽつりとしか来なかった。当然収入もぽつりぽつりとなったものの、特に危機感も持たずに毎月のように事務所から前借りをしていると、その総額がいつの間にかとんでもない額になっていた。再びアルバイト生活に逆戻りしたが、友人に紹介してもらった高額バイトのお陰で、少しずつ借金を減らしながら生活に不自由することもなく、役者の仕事が来ない事にも慣れ始めていた。東京で迎える九度目の春。久しぶりに鳴った事務所からの電話に応えると、おもしろい仕事が決まったと告げられた。ひと月以上ぶりにきたその〝仕事〟は、映画でもドラマでもなく、旅番組だった。

その番組は、若手の役者やタレントが海外でホームステイしていろんな事に挑戦し、帰国の際にはお約束のようにウルウルと涙を流すという、人気旅番組だった。いつかは出たいと思っていたものの、出られる訳がないと思い込んでいたので、告げられた時は小躍りした。だがこの番組の傾向として、美しい俳優や女優はオシャレな国に行ってオシャレなものを作ったりするが、そうではない三から四枚目の役者は、ジャングルで半裸で虫を食べたりするようなロケが多い印象だったので、恐る恐るどこへ行くのかを尋ねると、日立さんは含んだように、

「内緒」

と言った。決して楽な仕事ではないのだろうと覚悟した。

早速打ち合わせのために番組制作会社を訪ね、女性プロデューサーと面会した。彼女はいくつか簡単な質問をしたあと、では、と一呼吸おいて旅先と目的を発表した。

「メキシコへ行ってもらいます」

サボテンが頭に浮かんだ。彼女は続ける。

「世界自然遺産に登録されたバハカリフォルニア半島の町で、イカ釣りに挑戦してもらいます」

バハカリフォルニアという地名は初めて聞いたが、世界自然遺産というからにはたいそう美しい場所なのだろうと察し、しかもそんな場所で釣りをすると想像するだけで、尻がむずむずとするほど嬉しくなり、「そんないい思いさせてもらっていいんですか?」と言いかけたところで、彼女は「質問は受け付けません」と言い、さらに旅先についてインターネットなどで絶対に調べないようにと念を押した。

日程や成田空港での待ち合わせなどについて必要最小限の説明を受けて打ち合わせは終わった。最後にプロデューサーは、

「とにかく楽しんで来て」

と見送ってくれた。彼女に言われた通り、旅を十二分に楽しむべく、バハカリフォルニアについてもイカについても一切調べないまま出発までの一週間を過ごした。

迎えた出発当日、成田空港の指定の場所で同行するスタッフたちと合流して、人生で初の国際線に搭乗した。エコノミーながらも機内食は旨く酒も飲み放題で、贅沢な気分

に浸った。

十時間余りのフライトの後、ロサンゼルスで乗り換えたプロペラ機に揺られて約二時間半、カリフォルニア半島の南端にある小さな空港に降りたった。空は自然の色とは思えないほどに青く、柔らかく暖かい空気を鼻から吸い込むと脳みそがビリビリして目はウルウルした。

空港で現地に住む初老の日本人男性が通訳として合流し、大きな四駆車を借りた。目的地となる町は空港からさらに七百五十キロ北に位置しており、夜道の運転は色んな意味で危険だからと、空港近くの小さな町で一泊することになった。その町で一番のホテルと通訳さんが言うように、雑誌の表紙になりそうなオシャレなホテルでステーキとタコスを食い、仕事でこんなに贅沢な気分を味わっていいのだろうかと不安になるくらいだった。

翌朝、夜明けとともに北を目指した。通訳さんの「このへんはたまに山賊が出る」などという物騒な話を聞きながら、代わり映えのしない荒野の風景を見るでもなく車に揺られるうち、いつの間にか眠りこけ、目を覚ますと小さな港町を望む高台に車は停まっていた。車を降りるとカメラが向けられ、その港町が旅の目的地だと告げられた。到着した感想を求められたが、起き抜けで頭もはっきりしない上に、海外の空気を吸って気持ちも緩みきっているものだから、特に気の利いたコメントもできずにいると、南海の先住民のような風貌のディレクターから、「そんなんでいいの？」とドスの利いた声でダメを出され、ようやく仕事で来ている事を思い出した。

丘を降り、町に入ると、潮の香りが鼻をついた。商店などが連なる海沿いの国道から内陸に向かい、舗装されていない道路を上って行くと住宅地に入った。バラックのような家屋が多く立ち並び、砂っぽく、草木が無造作に生え散らかったその一帯は、初めて来たにもかかわらず、妙な懐かしさがあった。その地域の外れにぽつんと建つ、二階建ての小さな家の前で車は停まり、再びカメラが構えられた。

「ここからは通訳もいないと思って一人でなんとかしろ」

ディレクターに促されるままに家のドアを叩くと、待ちかねていたかのような家人たちにぞろぞろと出迎えられた。車中で通訳さんに教えてもらった片言のスペイン語で自己紹介すると、家族もそれに応え自己紹介してくれた。どこまでが挨拶でどこからが名前かすらわからなかったが、見たところ、四十代半ばで、背は低いが屈強そうな体軀のご主人と陽気な雰囲気の奥さん、二十代前半のちょっとハンサムな長男に二十歳くらいのグラマラスな長女と五歳くらいの愛くるしい次女、それと優しそうに微笑むおばあちゃんの六人だった。後で知った事だが、おばあちゃんはご主人の母親で、父親、つまりおじいちゃんも同居しているが、体調を崩して入院しているとの事だった。そんな七人家族が住む小さな家で一週間を過ごすことになった。

家の中はコンクリートがむき出しで殺風景だったが、家族の笑顔に温もりを感じた。特に奥さんとおばあちゃんは日本からの客人に興味津々といった様子で、二人して盛んに話しかけてくれたが、何を言っているのかも何を答えていいのかもわからず、ヘラヘラと笑って聞いているしかなかった。陽気なメキシコ人家族とのやりとりをなんとか笑顔でやり過ごしているうちに、ご主人が、ではそろそろと言わんばかりに動き出した。

ここでやっと通訳が入り、イカ釣りをするために漁業組合で登録する必要があるので、早速でかけようとの事だった。荷解きをする間もなく表に出ると、ディレクターが耳元でささやくように、ドスの利いた声で言った。

「おまえなんで何言われても笑ってんだよ?」

「いや、何言ってるかわからなかったんで」

「何言ってるかわからなかったら笑うのか?」

「いえ……」

「ちゃんと話をしろ」

ディレクターにまたも厳しい事を言われ、確かにおっしゃる通りで反論の余地もなかったが、じゃあどうしろというのだと聞くと、

「自分で考えろよ」

と彼は吐き捨てるように言った。

せっかく楽しい気分だったのに急に怒られ、釈然としないまま家の前に停まっていた、走行距離三十五万キロ超えの、もはや走っているのが不思議なくらいのボロく汚れた二人乗りのトラックにご主人と乗り、漁業組合を目指した。ディレクターに言われた事が引っかかり、二人きりの車内でどうすればいいのかわからずにいると、ご主人は気を遣ってか、一枚の書類を見せてくれた。漁業組合でこれをもらうのだという意図で見せてくれたのであろう証明書らしきその書類を見て、ようやくご主人の名前がマルコだと知った。

漁業組合では名前を書くだけで、いともあっさりと証明書が発行され、そのまま漁に出るべく港へ向かった。マルコの船は全長四メートルほどの、モーターがついた簡素なボートで、そこには竿どころかイカ釣りに使いそうな装備はなにもなかったが、怪訝に思う暇もなくボートは出航した。多少の不安はあったが、世界自然遺産の美しい海にそんな気持ちは吹き飛ばされた。ペリカンが舳先に止まったり、イルカの群れと並走したりして、最高の気分だった。

沖合三キロほどの地点でマルコはボートを停め、道具箱から軍手と、イカ釣りに使う道具らしいものを出した。それは五十センチくらいの木の板に、紐と言えるほどに太い釣り糸が何重にも巻きつけられ、その先に長さ三十センチ、重さ一キロはある、トゲがいくつもついたロケットのようなものがぶら下がっていた。マルコは、早く軍手をつけてそのロケットを海に投げ入れろと言っているようで、それに従った。投げ入れられたロケットはその重さからどんどん海に沈み、糸は勢いよく手から滑り出していく。しばらくしたところでマルコは「ストップ」と声を上げた。彼は身振りで、手を大きく上下させろと言っているようで、そのようにやってみたが、恐らく深度百メートル以上まで沈んだであろう一キロのロケットを上下に動かすのは重労働で、軍手の上から糸が肉に食い込み痛かった。マルコがなにやら説明する中しばらくその動作を続けていると、

「手応えが軽くなったら急いで手繰り上げてください」

と通訳が入った。潮の流れで常に重くなったり軽くなったりしているので、手応えはよくわからなかったのだが、なんとなく軽くなった気がしなくもないと思い、とりあえず一度手繰り上げてみた。それがさらなる重労働で、手繰っても手繰ってもロケットは海面にたどり着かず、糸は更に手に食い込んだ。結局苦労して手繰り上げたロケットにはイカどころかゲソすら付いていなかったが、息つく暇もなくマルコに煽られてロケットを再び海に投げ入れた。これを何度か繰り返し、疲れて口数も少なくなってきた頃、明らかに糸の緊張がなくなった、そして強く引いた。

「急いで上げてください」

通訳さんに言われ、できる限り早く糸を手繰った。一体何匹掛かればこんな重さになるんだというほどの重さで、手繰れば手繰るほど、糸が食い込み手は激しく傷んだが、ようやく掛かった獲物を逃すまいと全身の力を使って必死に糸を上げると、大きな塊が力強く動きながら海面に激しい水しぶきを上げた。目一杯の力でボートに揚げたその赤黒い塊は、全長一メートル半はある、目を疑うほど巨大なイカだった。興奮と疲労で思わず絶句していると、マルコはしきりに何かを叫んでいた。

「いま下に群れが来ているから急いで糸を投げ入れてください！」

通訳さんに煽られて、再びロケットを投げ入れた。糸を落としながら改めて釣り上げたイカの大きさに震えていると通訳さんが言った。

「そのイカは子供だから小さいそうです」

子供一匹釣り上げるのにこんなにも疲労と痛みが伴うのに、さらに大きいイカが掛かったらどうなるか。「もう掛かってくれるな」と内心願ったが、不幸にもそのあと二匹のイカが掛かり、疲れと痛みで悲鳴を上げながら糸を手繰った。その後、手応えはいくつかあったが、身体はそれを無視した。結局釣れたのは三匹だったが、こんな大きなイカが三匹だから大した釣果だなと思っていると、マルコは不満そうな面持ちでイカを捌き始めた。彼は慣れた手つきでイカを開き、皮を剝いた胴の部分はコンテナボックスにいれ、引っ張り出したゲソと内臓を海へ放り捨てた。メキシコではあまりイカを食べる習慣がなく、胴の部分は冷凍して日本や韓国に輸出し、ゲソや内臓は需要がないのでそのまま魚のエサにするのだそうだ。港に戻って仲買人らしき男たちの前にコンテナボックスを置くと、彼らは笑いながら、

「これだけか？」

と言った。言葉はわからなかったけど、そう言ったに違いなかった。三杯のイカを秤にかけ、その重さを見て彼らはマルコに金を渡した。マルコは金を受け取り、何やらボヤきながら海の方に目を向け何かを言った。そちらには、ちょうど戻って来たばかりの同じようなイカ漁師が、溢れんばかりにイカの詰まったコンテナボックスを二つ陸に揚げているところだった。

「明日はせめてあれくらいは釣ろうと言ってます」

通訳を聞いて愕然とした。

その晩はビールを飲み、奥さん自慢の手料理を頂いた。酒の力も手伝ってとても楽しい晩餐となった。漁は過酷だったが、気持ちの良い家族に囲まれ、何より食べるものが美味しいというのは幸せだった。だがやはり、もう漁には出たくなかった。

翌朝、両手人差し指の付け根の肉はミミズのように腫れていた。さらに全身筋肉痛で、めげそうな気持ちのまま漁へ出た。前日よりも手の痛みは強く、当たりが来るまで何度

もロケットを投げ入れるその作業だけで手の肉が裂け、軍手に血が滲んだ。マルコは傷を心配する様子もなく、軍手をつけていると力も入らないし感覚も鈍るから、素手のほうがいいと言った。現に彼は素手で糸を手繰り、その皮膚は石のように硬かった。絆創膏を貼り軍手を二重にしても糸の刺激は変わらず、もしイカが掛かったら果たして釣り上げる事ができるのだろうかと不安でしょうがなかったが、その日は幸い一匹も掛からなかった。

三日目は気持ちが天に通じたのか、朝から雨が降り漁には出ることができなかったので、マルコが車で町を案内してくれ、町で一番のレストランで昼食をご馳走になった。新鮮な海の幸をふんだんに使ったマリネやタコスはどれも絶品だった。この日は家の片付けを手伝ったり、次女の遊び相手をしたりして、楽しい時間を過ごした。

晴天の四日目、今度は気持ちがマルコに通じたのか、イカではなく魚を捕りに行く事になった。重りを身に着けモリを持って海に潜り魚を追う単純な漁法だったが、生来泳ぎが苦手で、勇気を出してボートから飛び込んだものの、うまく潜れずジタバタするばかりだった。それを見てマルコはゲラゲラと笑っていた。それが悔しくて思い切って身体を翻して海中を目指すと、重りのせいで息継ぎができなくなり、水を飲み込み溺れ沈んだ。死ぬんじゃないかと思ったところでマルコが海に飛び込み助けてくれた。死に物狂いでしがみついたマルコの太い腕と背中に、幼い頃、足を怪我をして父親におんぶされて病院へと運ばれた記憶が一瞬蘇った。マルコは笑っていた。その日捕れた魚はわずかだったので、家で食べる事になった。陸にもどるとマルコは、通訳さんを通じて、

「魚はあまり金にならない。イカが一番金になるから、明日から頑張ろうな」

と力強く言った。

その日の晩、いつも賑やかな家の中が妙に静かで、マルコの姿も見えなかった。二階のベランダで煙草を吸いつつ外を窺うと、撮影隊が何やら神妙な面持ちで集まっていた。ディレクターがこちらに気づき手招きをするので、またなにか怒られるようなことをしただろうかと考えながら外へ出ると、彼はいつにも増して低い声で、入院中のおじいちゃんが危篤だと連絡がありマルコは病院へ飛んで行ったと話した。事態がいまいち摑めずにいると、彼は苦々しく続けた。

「覚悟しておいた方がいいかもな」

そう聞いて徐々に不安が膨らむのを感じながら、外でマルコの帰りを待った。奥さんから中で待っていようと言われたが、それでも外で待っていた。二時間ほどで片目のヘッドライトがガタガタと音をたてながら坂を登ってきた。その音で家族も外に出てマルコを迎えた。

車を降りたマルコをひと目みるなり、病院で何があったのかが理解できた。涙を流し

てはいなかったが、表情から、彼の心が悲しみに包まれ、慟哭しているのがわかった。いつも強く明るいマルコの、落ち込み弱々しく歩く姿に、思わず涙が溢れそうになったが、家族に涙を見せまいとしているのであろうマルコの前で泣くわけにはいかず、必死で堪えた。が、労るように抱擁する奥さんの胸で、何かを呟くマルコの涙声を聞くと、目から濁流のように涙が吹き出し、声を出して泣いてしまった。家族でもないのに家族よりも泣いている自分が情けなかったが、止めようがなかった。するとマルコが共感とも感謝ともとれるように抱きしめてくれたので、さらに子供のように泣きじゃくった。マルコは今から言うことを訳して欲しいというように通訳さんに声をかけ、情にもろそうな初老の通訳さんがそれを思いやるように訳した。

「四日前から意識のなかった父が帰らぬ人となった」

四日前と聞いて胸が波打った。父親が危険な状態なのに、それをおくびにも出さずに日本からの客人をもてなしてくれていたのだ。それを知って再び嗚咽した。彼は続ける。

「これから病院でお通夜があり、明日は葬儀があるから撮影は遠慮して欲しい」

こんな時にカメラに撮られたくないのは当然の事だった。あとで聞いた話だが、長年つづく番組史上、ホームステイ先の家族が亡くなった事など一度もなく、ディレクターは力なく帰ってきたマルコを見て、ロケはここまでだと観念したそうだ。

ディレクターの指示でカメラは切られ、スタッフは機材を粛々と片付け始めた。そんな中、ただただ泣き尽くしていると、マルコが傍にきて肩に手を置いて何かを言った。

「あなたはトラックに乗ってくれと言っています」

「え？」

「病院についてきてくれと言っています」

「僕だけですか？」

「あなた一人です」


泣きじゃくり、カメラも通訳もなしになぜ一人だけ呼ばれたのか、などとよく考えないままにトラックの助手席に乗った。程なくマルコが運転席に乗り込み、車を走らせた。マルコの悲しみを思うと涙が止まらず、病院に着いてからもずっと泣き続けていた。どれくらい泣き続けていたのかはわからないが、病院にはいつしかマルコの親戚らしき男たちが集まっていた。彼らはマルコにお悔やみを言いながら、傍らで泣いている日本人を訝っているようだった。それを気遣ってかマルコは身振り手振りを加えて、

「こいつは泳ぎが下手で海に入っても潜れずに手足をこんな風にジタバタしてばかりなんだ」

と言った、に違いない。親戚たちはそれを聞いてゲラゲラと笑い、皆「元気を出せよ」というように肩をたたいてくれた。馬鹿になった涙腺からさらに涙がこぼれた。

病院にはなぜか女性の姿はなく、男ばかりが三十人以上集まって、故人を偲んで何かを話しているようだった。二時間ほどたって、涙も鼻水も出し切った頃、マルコの長男のセルジオが若い親戚たちの車に乗ってやってきた。彼と数人の若者たちはずっと傍にいてくれて、言葉に四苦八苦しながらも色んな話をした。その時に初めて、マルコとその家族の年齢を聞いて驚いた。まずセルジオは十九歳でグラマーな娘は十三歳。これにも驚いたが、一回り以上年上だと思っていたマルコが三十五歳で、三つしか年が変わらず、それまで父のように感じていたのに兄と同じ年だったのかとか、そんな年で子供を三人も養っているのかとか、その若さで父親を亡くしてしまったのか、などと思うと、自分はこの国に、彼の家に、そしてこの場所に何をしに来ているのだろうかと自問し情けなくなった。

夜が明けて遺体は町の中央にある歴史的建造物のような立派な教会に遷(うつ)され、そこで葬儀が執り行われた。空は突き抜けるように青く、二百人以上集まった参列者たちはみな普段着で、それは静かなお祭りのようであった。葬儀が終わり、棺と一部の親族と共に埋葬のため墓地へと向かった。海を見渡せる高台にある、恐らくマルコの先祖たちも眠っているのであろう、無造作に建てられた墓石の間の、空いている場所を男たちが掘り始めたので手伝った。穴を掘っていると、派手な衣装のマリアッチが三人、ギターとアコーディオンを弾き歌を歌い始めた。陽気で哀しい調べの中、大きく掘られた穴の中に下ろされた棺にすがっておいおいと泣くおばあちゃんを目にしてまた涙した。サングラスをかけたマルコはどこか遠くを見ているようだった。

泣きすぎと、不眠不休で炎天下のなか穴を掘った疲れとで朦朧としていて、墓場からの帰りはよく覚えていない。気がついた時は家のベッドで横になっていた。時間は昼過ぎだった。こんな時間まで誰も起こしに来なかったことを不審に思いながらリビングに降りたが、家族たちはいつもと変わらぬ様子で挨拶をくれた。外で椅子に座ってビールを飲んでいたマルコはこちらに気づき何かを言った。恐らく「よく眠れたか?」と言ったのだろう。彼は元気だったが、抜け殻のようにも見えた。そんな彼に何か言いたくて言葉を探していると、ディレクターから声がかかった。前日の報告をして、これからどうなるのかを尋ねると、彼はため息混じりに、「わからん」と答えた。

その夜の家族との食事も、マルコは少し食べただけですぐに表に出てしまった。それを見かねて奥さんになんとかする方法はないかと聞いたが、それがちっとも通じなかったので、通訳さんを呼んで来て改めて尋ねた。彼女は優しい笑顔で答えた。

「彼を慰めるのは漁しかないのよ」

翌朝、早く起きてセルジオに手伝ってもらいボロのトラックをできる限りきれいに洗車した。いつの間にか起きてきたマルコは色が変わるほど磨かれた愛車を見て歯を見せた。そこで彼に、漁に出たいと申し出た。

穏やかな風の中ボートと軍手を走らせ、その日はそれまでよりさらに沖に出た。マルコは道具箱からロケットと軍手を出したが、ロケットだけを受け取った。マルコは少し驚いた顔をしたが、ニヤリとして軍手をしまった。数日前までは釣りたくないと思いながら投げ入れたロケットを、その日は深い海にいるであろう巨大イカに刺さるほどの気持ちを込めて投げ入れ、糸を動かした。一時間以上それを繰り返したが、残念ながら当たりは一度も来なかった。それでも根気よく糸を手繰り、幾度となくロケットを投げ入れた。その様子を見てか、マルコは漁場を変えようとボートを更に沖へと走らせた。しばらく行くと彼は何かを見つけたように声をあげ、ボートを止めるや否やロケットを投げ入れたので、負けじと後に続いた。ほんの数分、黙々と腕を上下していると、身体を持っていかれんばかりの当たりがきた。それを全身全霊で手繰り上げると、胴体だけでも一メートルはある、まさしく巨大イカだった。

「すぐ投げろ」

そう叫ぶマルコを見ると、彼もちょうど釣り上げんとするところだった。真下に群れがいるのだ。マルコが釣り上げたイカはさらに巨大だった。

それから時間が経つのも、腹が減るのも忘れ、二人して声を上げながらひたすらに釣り続けた。食い込んだ糸に肉はえぐられ、腕だけでなく足腰の力もとうに限界を超えていたはずだったが、何かが憑依したかのように体は動き続け、苦しいどころか楽しくさえあった。

水平線に大きな太陽が落ちるのを堪能する暇もなく無我夢中で釣り続け、気がつけば、ボートは溢れんばかりのイカで満たされていた。帰りは舵取りを任され、マルコは大量のイカを手際よく捌いてはコンテナボックスへと投げ入れた。その手を止めることなくマルコが言った。

「Feliz？（幸せか？）」

「Sí. Feliz！（うん、幸せ！）Marco, feliz？（マルコは幸せ？）」

「Muy feliz!!（最高に幸せだよ!!）」

彼は満面の笑みで親指を立てた。

岸に着くころにはイカを捌き終え、その数八十三杯、コンテナボックス三つが満たされた。それまで疲れを感じる事はなかったが、その重いコンテナを陸に揚げ終えた途端に糸が切れたようにがくんと力が抜け、体が岸へと落ちた。すんでのところでマルコが腕をとってくれたのでボートに体が打ち付けられるだけで済んだが、もう動く事すらままならなかった。それを見てマルコは大きく笑った。

最終日、目が覚めて、今日でお別れかと思うと悲しくて、涙を堪えながら朝食を食べた。その日は家族みんなで無人島に行ってバーベキューをした。それは別れが来るのを忘れるほどに楽しかったのだが、ディレクターに「今日帰国すると家族に話せ」と言われて我に返った。

「日本に帰らないといけない」

泣いて泣いてちゃんと話せない言葉を、通訳さんはもらい泣きしながら訳してくれた。子供のように泣きながら別れを惜しむ日本人を、家族の全員が抱きしめてくれた。

「これは別れではない。お前はこれからも俺たちの心の中にいる。お前は家族だ。家族がいるから強く生きられる。どんなに遠くにいてもお前がいるなら強く生きられる」

マルコはそう言って強く抱きしめてくれた。

成田に着くと浦島太郎のような気分だった。メキシコから帰ってきて、何かが変わった、と実感する事はなかったが、家のドアを開けると妻から、

「かっこよくなった」

と開口一番に言われたのだから何かは変わったのかもしれない。彼らとの体験のおかげで強くなれたのだと実感できたのはもう少し後になる。

翌日からは平々凡々とアルバイトをして日々を過ごしたが、後日、この番組を観たあるディレクターがいたく感動して、国民的大型時代劇にキャスティングしてくれた事で

再びアルバイト生活から脱出できた、と思ったのもつかの間、膠着状態の借金との闘いの最中に家族が一人増える。妻は急激に母へと成長し、突如として責任感が芽生えた事で、それまでの杜撰な金銭管理に遂にメスが入る。それによって叱責と苦しき小遣い生活の日々が幕を開け、家族というものがどういうものかわかり始めたというのは、また別のお話で。

22　はじめてのちゅう

それまで父は優しくて、殴られた事はもちろん怒られた事すら一度もなかった、ように思う。ある日、幼稚園の時、人生で初めてのスカートめくりをした。その事自体はあまり記憶にないが、迎えに来た父に興奮混じりに報告したところ、顔面に火が点いたような衝撃が走った。一瞬何が起こったのかわからなかったが、見上げた父の表情は、それまで見たことがないほど厳しく冷たかった。

それが父に殴られた最も古い記憶で、それからは顔を合わせる度に何かしら怒られていたような気がする。近所の子供と遊んでは怒られ、怪我をしても怒られ、兄とお年玉を出し合って買ったラジコンを組み立てて喜んでいたら、怒ってラジコンを壁に叩きつけて壊され、友達と一緒にいる時に父に出くわして「こんにちは」と冗談で挨拶したら、父親にする挨拶じゃないと怒られ、とにかく怒られてばかりだった。

父は仕事帰りに一杯ひっかけたりはせず、まっすぐ家に帰ってくる人で、そんな父より帰るのが遅くなると、怒られるだけではなく、家にも入れてもらえなかった。小学校の時、ファミコンが流行ったので、恐る恐るファミコンが欲しいと言ったらもちろん怒られたので、学校の帰りは毎日のように友達の家でファミコンをした。ファミコンをしているとあっという間に過ぎて、日が傾き始めて、父がそろそろ帰ってくるとわかっていてもコントローラーが手放せず、日が落ちてから、言い訳を考えつつ恐る恐る家に帰ると、言い訳など一切聞き入れられず、閉め出され、もしくは玄関で竹刀（しない）を足に挟んで何時間も正座をさせられた。

その反動からか、一人暮らしをしてからはゲーム三昧の日々を送るようになったが、大人になってからも、オレンジに染まる空を見たり、8bitの音を耳にするとそわそわするのは治らなかった。

＊

国民的大型時代劇の撮影を間近に控えていた頃、ある大作映画にちょこっと出演することになった。台本を読むと、三十ほど年の離れた上司と二人して、主人公の若い男に嫌味をタラタラと言うような役どころだった。

撮影当日。昼前にスタジオに入ると、前のシーンの撮影が押しているので、かなり待ってもらう事になると告げられた。数人同室の楽屋にはすでに上司役の大先輩俳優が来ていて、先の見えない待ち時間を色んな話をして過ごした。殊に昔の映画の話で大いに盛り上がり、レンタルビデオ店でのアルバイトで培った知識を披露すると、

「そんなに映画が好きだったら、隣の楽屋にいる映画監督と話しなよ」

　と大先輩は言った。

　隣の楽屋に映画監督がいるのは知っていた。監督とは言っても、その大作映画の監督ではなく、出演者として参加している映画監督だった。彼が撮った映画がとても好きだった。話しかけるのに腰が引けるほど好きなんです、といったような事を大先輩に話すと、

「尚のこと話すべきだ」

　と半ば強引に隣の部屋へと連行された。非常に繊細な映画を撮るその監督は、作風からは想像もできないほど強面で大柄、風体は野生の熊のようで、声は地鳴りのように太く大きく、威圧感たっぷりだったが、話してみると物腰も柔らかく、無名の役者にも丁寧に接してくれた。

「こいつ、監督の映画の大ファンなんだって」

　と聞くと、監督はとても嬉しそうだった。そこから色んな映画の話をした。知らない映画はないのではないかという程に監督は映画に精通しており、彼が話す映画談義はいちいち面白かった。メジャーなものからマニアックなものまで様々な映画の話をし、大先輩はついていけないとばかりに寝ていたが、スタッフが呼びにくるまで実に八時間、ずっと映画の話をした。

八時間待った撮影は一時間ほどで終わり、誰が誘うでもなく、三人で呑みに行くことになった。お互いに元ラガーマンと知り、酒も入ってすっかり打ち解けたころに監督から、

「なんで役者になったの？」

と尋ねられたので、それまで幾度も語ってきた〝経緯〟を話すと、監督は大いに感動して、少し考えてから言った。

「お前がどんな芝居をするか全く知らないけど、何か持ってるし、映画好きだから、今度俺の映画に出ろ」

その月のうちに、監督の作品への出演が正式に決まったと連絡があった。説明によると、三十ほど年の離れた上司と二人して、主人公の女に嫌味をタラタラと言うような役どころで、上司は先の映画と同じ大先輩俳優だという。嬉々として台本を開き、配役の項を見ると、主演の女優は、同じ空気を吸うのが憚られるほどに美しい人で、そんな人に嫌味を言うと思うと少し尻込みしたが、それ以上に衝撃だったのは、その人とのキスシーンがある事だった。

その箇所を読んだ瞬間思わず声が漏れ、同時に全身の毛穴が開き汗が吹き出した。何かの間違いではないかとそのくだりを読み返した。

場末の居酒屋で上司と二人呑んでいると、三十代の地味だがちょっといい女が求人の募集を聞いてやってくる。店のママはその場で彼女を採用し、上司はその女にカラオケの相手をさせ、歌い終わるとほっぺにキスをする。「じゃあ俺も」とカラオケの相手をしてもらい、歌い終わると調子に乗って彼女の唇を奪い、怒った彼女に突き飛ばされて、彼女に罵声を浴びせて店を出て行く。

愛し合い求め合うようなキスではなかったが、キスをする事には違いなく、台本にもしっかりと「唇を奪う」と書いてあった。キスシーンの経験はもちろんない。一生ないものだと思っていたので、動揺は激しかったが、逃げるわけにもいかず、いつも通りしっかりと台詞を覚え、いつも以上に歯を磨いて現場に臨んだ。

撮影当日、朝早くに支度場所に入り、衣装を着てメイクをして待機していると、上司役の大先輩もやってきた。

「今日は大変なシーンだね」

「そうなんです。キスシーンなんて初めてで……」

「それも大変だろうけど、それまでも大変だろ？」

キスシーンの事ばかり考えていたので、それまでの何が大変なのかがいまいちぴんと来なかったが、言われると不安になったので現場に行って監督を探すと、期せずして主演女優と出くわしてしまった。衣装は地味だったが、スラリと長い手足と、整った小さな顔はとても直視できないほどに美しかった。途端に汗が吹き出し、しどろもどろになりながらも挨拶をすると、彼女はほんの少しの笑顔で応えてくれたが、その笑顔の奥にある気持ちを勝手に慮る(おもんぱか)と毛穴はさらに開いた。逃げるようにその場を後にし、ミントタブレットをいくつも口に放り込んだ。

そうこうするうちに撮影の〝段取り〟の始まりを知らせるスタッフの声が聞こえたので、現場へ向かった。そこでようやく監督の姿が見えたので、

「おはようございまーす」

と気安く挨拶すると、以前とは別人のような鋭い目つきでこちらを見据え、低い声で、

「おう」

とだけ応えてすたすたと先を歩いて行った。

撮影が始まった。台詞が多いわけではなかったが、大先輩が言った通り、キスシーンに至るまでに、いくつもの細かな動きを監督からつけられた。

カウンターに座り、上司のカラオケを聴きながら、グラスのビールを飲み干し、さらに飲もうと瓶に手を伸ばす。ママがそれに気づいて素早くその瓶を手に取り酌をする。ビールを注がれながら、立ち尽くす主演女優演ずるマキコを、一緒に飲もうと誘い、マ

マが素早く出したグラスをマキコに渡して、そこでいくつかセリフのやりとりをしながら彼女の持つグラスにビールを注ぐ。ママとも台詞のやりとりをしたところで、上司がちょうどサビを歌い終わり、そこで上司に「いい店ですねー」と声をかける。

短いやりとりの中でいくつもの手順を踏み、しかも上司がサビを歌い切るタイミングと合わせなければならなかったりで、見事にとっちらかり、覚えたはずの台詞も飛んで、わけがわからなくなったので、監督にどういう感じでやったらいいのか、といったような質問をした。すると雷鳴のような大音声が頭に落ちてきた。

「馬鹿野郎！　そんなもん役者が考える事だろうが‼」

あの楽しく優しかった監督が突然に怒声を発した事に驚き、満座の注目を浴びている事がとても恥ずかしかった。

「何しに現場来てんだよ⁉」

「すいません」

血が沸騰して、身体中が熱くなった。

驚きと恥ずかしさで体の自由を奪われたようになりながら、監督の「もういっかい！」の声が耳に響く。当然うまく出来る訳はなく、ビールを持つ手も震え、動きと台詞のタイミングもバラバラになり、また雷が落ちる。何度も「スタート」と「ダメ、もういっかい！」が繰り返され、その都度放たれる集中砲火に心臓がねじれる思いだったが、その間、共演者の方々が未熟な役者のために、文句も言わずに毎回きちんと芝居を付き合ってくれる事が、とにかく申し訳なくて辛かった。

繰り返す事十数回、動きにも慣れてきて、ようやく監督が「良くなってきた」と表情をゆるめたが、それからまた数回重ねると「ダメだ、動きが段取りっぽくなってきた」とまた眉間にしわを寄せ、再び「ダメ、もういっかい」が繰り返された。そのうち何をどうやったら正解なのかもわからず、さらには何も考えられなくなってきた二十二回目、ふいに今まで緩んでいた糸がピンと張ったような感覚を芝居の中で感じた。

「よし！　次本番！」

監督が声を張り上げた。

スタートからカットまでの記憶はあまりない。あっという間だが、スローモーションのように時が動いた。

「カット！　オーケー！」

監督の張りのある声を聞き、その場にへたり込みそうになった。だが撮影が終わったわけではない。現場はすぐに次の準備に動き出した。マキコの唇を奪うカットである。

監督からは、カラオケを歌いながらマキコにちょっかいを出し、歌い終わり、席に戻ると見せかけて、不意に振り向いて勢いよく彼女の唇を奪うように指示された。動きの確認をしてテストへと移る。ピンク映画で多くの女優の唇を奪った経験のある大先輩から事前に、テストではキスはしてもしなくてもいいと聞いていたので、キスはしなかった。テストは監督の怒声を聞く事なく一度で終わり、監督は熱を込めて声を飛ばした。

「よし！　次、本テス‼」

本テスというのは、読んで字のごとく、本番のようなテストといった意味なのだが、そこで思考がつまずいた。テストではキスはしないが、本テスではどうなのだろうかと。本番のようにするのなら当然するべきなのだろうが、本番のようでもテストである以上、やはりキスはしないのではないだろうか。そうこう悩むうちにスタートの声がかかり、逡巡しながらもそれまで通りカラオケを歌い、曲が終わって席へ戻ると見せかけて勢いよく振り返ってマキコの唇に顔を寄せ、テストよりも間近の距離で止めた。しなかったというよりできなかった。

「バカヤロー！！！」

再び地獄の扉が開いた。一緒に楽屋で映画の話をした気の良いおじさんは最早そこにはおらず、すっかり鬼と化した監督は、言い訳をする根性なしの役者に、

「本テスなんだからキスするのが当たり前だろ‼」

などと言いながら阿呆だの馬鹿だのと罵倒の言葉を吐きに吐き、怒りの治まらないままに、

と投げ捨てるように号令をかけた。

その前のカットですでに汗だくになっているところに、またしても監督の雷に打たれ、さらに、美人女優にキスをするという重圧で、汗腺は馬鹿になっていた。本番前の直しに来たメイクさんが、その止まらない汗に手を焼いていると、

「そんなやつの直しなんかしなくていいよ！」

とまたも監督の怒声が飛んだ。

「次、本番！」

頭の先からつま先まで水から上がったように濡れたまま、本番のカチンコが打たれた。

一生懸命にマキコの髪や腕を撫でながら全身全霊でカラオケを歌いきり、席へ戻ると見せかけて振り向きざま、勢いよく彼女の唇を目指した。が、勢い余って彼女の顔を通り過ぎてしまい、回り過ぎた体がバランスを失った。それでもなんとか持ち直し、再び彼女の唇へと向かったが、勢いはなくなり、唇の皮と皮とがなんとか触れる程度の、とても中途半端なキスをした。

「バカヤロー！！！」

監督の怒号が響いた。

勢いよく振り返り、小さな顔の小さな唇を狙うのは簡単ではなかった。しかも緊張の

せいで身体が言うことを聞かないものだから、本番二テイク目はまたも行き過ぎ、鼻の横あたりにキスをし、テイク三は回転が足らず、妙な体勢でおかしなキスをした。その都度監督に罵られた。

「遠慮せず思い切ってやってくださいね」

彼女は恐らく思いやりを持ってそう言ったのだろうが、その場にあっては彼女の心の声が否定的な意味にしか聞こえなかった。

『何回やるのよ？』

『どんくさいわね』

『あんたみたいな汗でビショビショのデブと何回もキスしたくないのよ！』

『気持ち悪い！！！』

泣きそうになりながら迎えたテイク四。折れそうになった心で振り返った、尻切れ蜻蛉（とんぼ）のようなキスは、唇にすら届かなかった。もはや監督の怒号すら飛ばず、現場には冷たい空気が流れていた。苦しくて逃げ出したかった。

妻にキスシーンがあると話した時、

「あんな綺麗な人とキスできていい仕事だね」

と軽口を言われたが、このどこがいい仕事なものか。罵られ汗まみれになって、なぜ一人だけこんな苦しい思いをしなければならないのか、そう思うと、ついには腹の底からふつふつと怒りが湧き上がってきた。

テイク五。カラオケを歌ううちに、腹の底からどんどんと力が湧いてきた。歌い終わってマイクを置いた。

『ぶん殴ってやる』

そんな思いで放ったキスは、まっすぐに彼女の唇へと飛んだ。

当たった。思わず歓声を上げたくなるのをぐっと堪えてカットの声を待った。

「カット」

監督は残念そうに言った。

「ダメだよ、目、つむっちゃ」

何の事かしばらくわからなかったが、キスをされた時に主演女優さんが目を閉じていた事を言ったのだった。確かに台本にもキスをされた瞬間「目を見開き」と書いてあったのだが、きっと彼女はものすごい勢いで迫り来る、拳のような唇に思わず目を閉じてしまったのだろう。

テイク六、見事に的中。だが、監督はまたも不満気なカットの声を発した。今度は彼女の目の見開きかたに注文をつけた。

テイク七、命中。気持ちにも余裕ができたのか、唇から彼女の唇の柔らかさや温かさが伝わった。監督は少しキレのいいカットをかけたが、少し間をおいて、悪くはなかったが、押さえでもう一回だけやろうと言った。

テイク八。苦しかったキスシーンは、もはや唇の感触を味わえるようにすらなり、最後だから思い切り味わってやろうと唇を狙うと、ほんのわずかに逸れてしまった。

「オーケー！！！」

監督のその日一番の声を聞いて、唇が的を外した事がバレてなかった事にほっとした。するとそのキスを最も近くで見ていたカメラマンが言った。

「お前、いまちゃんと当たらなかっただろ？」

バレた。

「バカヤローーーーー！！！！」

怒られた事よりも、下心を出してしまった事が恥ずかしかった。

九テイク目にしてようやくオーケーの声が轟き、身体がとても軽くなった。お次は、マキコがいきなりキスをした男を突き飛ばし、男がカウンターに激しく身体を打ち付ける、というカット。監督はそこで、カウンターに背中からぶつかって、さらにカウンターに置いてあるビール瓶を手前に落として欲しいが、できるか、と聞いた。カウンターにぶつかって、その勢いで奥に瓶が落ちるならわかるが、手前に落とすのは簡単な事ではなかった。が、勢いで、「できます」と返事をした。

テストで軽く動きを確認してから迎えた本番。マキコに「何すんのよ！」と両手で強く胸を突き飛ばされ、カウンターに激しく腰を打ち付ける、その瞬間に、右手でちょっとカウンターの上のビール瓶を手前に倒した。ドタンやガシャンの音が現場に響く。

「オッケー！！！！」

監督はキスシーンの時よりも張りのある声を発した。

「すごいなお前、やっぱり持ってるな」

そう言って指した床には、割れたビール瓶がピサの斜塔のように逆さまに突き立っていた。

そこで少し遅めの昼休憩となり、待機場所でロケ弁を掻き込み煙草を吸っていると、ママ役の大ベテラン女優さんが言った。

「あなた幸せね。今どきあんなに監督に怒って粘ってもらえる現場なんてないわよ」

昔の映画の現場は怒号が飛び交い、彼女もよく怒られ、何度も「もういっかい」と粘られたそうだが、最近はそんな事がなく物足りないと言った。

「とてもいい経験したわよ」

羨ましそうに言った彼女も、昼食後の撮影で監督の「もういっかい」を十回ほど浴びていた。

数ヶ月後、映画が完成して試写会へ行った。自分の出ているシーンは恥ずかしくて直視はできなかったが、思っていた以上に汗でびしょびしょだった。試写が終わって監督に挨拶すると、監督は満面の笑みで褒めてくれた。

「お前、良かったぞ」

怒られてばかりの人生で、数少ない褒められた経験だった。それからは、妻以外からは怒られる事も褒められる事もない生活を送る事になるが、数年後、褒められる事なんてほとんどなかった父から、涙ながらに褒められたというのは、また別のお話で。

23 青き英語

学力の水準がそう高くもない高校だったが、二年の夏の時点の成績は留年一歩手前だった。にもかかわらず、進路相談では堂々と大学進学を口にし、関関同立、あわよくば早慶上智を狙いたいと宣言した。担任は呆れて笑った。

それというのも、何かにつけて嫌味ばかり言う兄の通う大学よりも上位の大学に行きたかった事と、兄もしたから一浪くらいしてもいいもんだと勝手に解釈していた事、それと、友人の誘いで通い始めた近所の学習塾の英語講師の授業が驚くほどわかりやすく、

「ちょっと頑張れば関関同立くらい余裕で受かる」

という彼の言葉を真に受けたからであった。受験までの一年間、そこそこ頑張って勉強して、英語の成績はぐんと上がったが、英語と、もともと得意だった現代国語以外の科目はさっぱりで、予定通り浪人する事になった。

浪人中は大阪市内の予備校に通いながら、週に二度、件の英語講師の塾に通った。彼は堺市の鳳にある自分の塾に専念するため、近所の塾を辞めていたのだが、本気でいい大学に行きたかったら堺まで来い、と言う彼の口車に乗せられて、片道一時間以上かけて通った。堺は遠かったが、彼の授業で確かに英語の成績は上がった。それに彼の塾に

は、それまで見たこともない程の美少女がいた。

その美少女、三木さんは、堺の名門高校の三年生で、それとなく小耳に挟んだ情報によると剣道部に所属しており、成績優秀のみならず、文化祭でミスに選ばれたほどの才色兼備だった。彼女は授業が終わるといつも一人で各駅停車に乗った。もちろん彼女に声をかけるような勇気は持ち合わせておらず、かといって後ろをつけ歩くと不審であろうと、いつも彼女の少し先を歩いて、電車を待つホームで声をかけるか否かと葛藤しながら、本来乗るべき急行をやり過ごし、各駅停車の彼女の乗った隣の車両に座り、中吊り広告を見るふりをしながら彼女をちらちらと見た。思いがけず目が合うと身体が火照った。三木さんも顔を赤らめた。

彼女の事が好きになり、ふた月後には話しかけ、半年後には二駅の間だけではあったが、同じ車両に乗って帰れるほどまでになった。彼女はいつも伏し目がちで、口数は多くはなかったが、ちょっとボケた事を言うと、控えめにツッコミを入れてくれた。ツッコんだ後に頰を赤らめて恥ずかしそうに俯く様はとても愛くるしかった。

夏の中頃、ガラガラの車両に揺られながら、勇気を出して彼女に気持ちを告げた。

「つきあってくれませんか？」

「ごめんなさい」

気まずい空気が流れる間もなく、電車は三木さんの家の最寄駅に着き、彼女はもうひ

とつ、

「ごめんなさい」

と言って電車を降りた。

それから程なくして予備校で新たな恋に落ちたので、左程苦い思いはしなかった。その新しい恋は、それまでの人生で一番の大恋愛だったが、結局は片想いのまま終わった。そんな浪人時代を過ごし、ほとんどの大学には落ちたものの、第一志望の偏差値が飛び抜けて高い学部に合格した。なぜならその学部の受験科目は、苦手な社会と古典がなく、英語と現代国語だけだったからで、わざわざ堺まで通った甲斐があったと言える。

合格した総合政策学部と呼ばれる学部は、その年から兵庫の山奥の僻地に新設された学部で、何を勉強するのかよくわからなかったが、留学生や帰国子女が多く、普段から英語が飛び交い、英語の授業はもちろん、一般教養の授業ですらも全て英語で行われた。大学は遊ぶところだと思っていたのに、遊ぶ暇も惜しんで勉強しなければ授業についていけなくなり、最初の半年は何のために大学に入ったのかわからなくなるほどに勉強した。その頃には最早どうでもいい話だったが、同じゼミにいた女性が堺の出身で、聞けば三木さんと同じ高校で仲が良かったと言う。しかも同じ塾に通う男に告白された話も知っていた。三木さんはその男のことを、

「怖かった」

と言っていたそうだ。

秋を迎える頃には、夏休みに覚えた遊びが忙しくなり、ほとんど授業に出なくなり、三年の春に中退した。三年間で取った単位は十八だった。

＊

上京して十三年。こつこつと仕事をし、こつこつと借金を返し、そろそろ完済という頃に子宝に恵まれ、また借金が増えたが、それでもアルバイトをせずになんとか生活できる程度に役者としての仕事が来るようになった。上京した頃から考えると驚くべき進歩ではあったが、まだまだ少なからず借金もあれば税金や公共料金も滞納しがちで、もっと頑張らないと、とは思っても、頑張って仕事が増えるわけでもなく、とりあえずは、ひとつひとつの仕事を大事に全うする、などと偉そうなことを言いながらも特に何かを頑張る事なく、だらだらと時間を過ごしていた。

そんなある日、Aという役者と酒を呑んだ。大阪出身で血液型も同じで、同じように厚かましい所があり、同じようにこつこつと仕事をしてきた役者である。彼とは会えば馬鹿話ばかりしているが、芝居に向き合う姿勢は真面目そのもので、しっかりと自分の考えを持っており、年はいくつか下だったが、尊敬のできる男だった。その夜はいつものように、ひとしきり馬鹿な話をした後に、Aが切り出した。

「英語って勉強してます？」

「最近はしてないなあ」

実際は二十年近くしていなかった。

話を聞くと、思い立ったらすぐに行動に出るAは、ふと英会話を始めたのだが、なかなか上達しないのでどうすればいいか、という相談だった。高卒の彼からすれば関西の有名私大に合格した男の実績を買ってその質問を投げかけたのだろう。実際は大学に入ってからはほとんど勉強らしい事をしていないので、もちろん英語が話せたわけでもないが、酒のせいもあって、とにかく単語を覚える事だとか、センテンスで覚えた方がいいだとかと、かつて通った塾の講師の言葉を受け売りすると、彼は大いに感心して、

「なるほど」

などと言うものだから、さらに調子に乗って英語学習について講釈をぶった。彼はそこで挙がる参考書や辞書の名前をメモしながら熱心に聞いてくれた。

「一番大事な事は、続ける事やと思うで」

どこかの偉い人が言っていたような言葉で講釈を締める頃には、酒もまわり、終電もとうに逃していたので、その夜は彼の部屋に泊めてもらった。

部屋に差し込む陽の光に目が覚めると、二日酔いで体は重かった。時計を見ると七時前だったので、もう一度眠ろうかと思ったが、ぶつぶつと話す声が聞こえるので、そちらに目をやると、殺風景な部屋の隅でAが床に座り込み、背中を丸め、耳にはイヤホンをして、声を落として何か熱心に話をしているようだった。邪魔をしないように静かに体を起こして近寄り、驚いた。彼はノートパソコンに映る東南アジア系の女性と、英語で話をしていた。彼の英語は流暢とまではいかなかったが、カタコトではなく、たどたどしくもしっかりと英語で会話をしていた。しばらく声を失いその様子を見ていると、Aはそれに気づき、パソコンからイヤホンを抜き、「友人が泊まりに来ている」という風な事を英語で言って彼女に紹介してくれた。

「ナイストゥミーチュー」

と挨拶すると、彼女は笑って何かを答えてたが、なんと言ったかはよくわからなかった。わからなかったが、わかったふりをして笑っていると、Aがその後を継いで彼女と会話を続けた。恥ずかしかった。

Aは十五分ほどして彼女との会話を終え、今度は参考書を取り出した。

「あと三十分くらいで終わるから待っといて下さい」

と一人でぶつぶつと言いながらノートに英語で何やら熱心に書き綴っていた。そんな様子を呆然と眺めながら、昨晩たれた講釈を思い出して、二日酔いが飛ぶほどに恥ずかしくなった。

勉強を終えたAから話を聞いた。それによると、パソコン画面の向こうにいた女性はセブ島に住むフィリピン人で、Skypeを通じてオンラインで英会話のレッスンを受けていたのだそうだ。彼はその英会話と、ハリウッド映画にも出演するとある大物俳優から聞いた、ノートに英語を書きながらぶつぶつ言う勉強法を、何があっても毎日休む事なく続けて半年近く経つという。

「なかなか上達しない」

とAは言ったが、継続は力なりとはよく言ったもので、彼の努力と英語力に、ただただ感心するばかりだった。帰りに渋谷の書店で彼に勧められた参考書を買い、オンライン英会話にも入会した。

ちょうどある映画の撮影が終わったところで、さほど忙しくもなかった。その映画のために監督から、

「あと十キロ太ってください」

とあっさりと言われて、痩せるのは簡単だけど太るのは存外に過酷で、どうすれば容易に太ることができるのかと考えあぐねた結果、煙草をやめると太ると聞いて、思い切って長年付き合ってきた煙草をやめてみた。すると、あっと言うまに十キロ太る事がで

き、その上、煙草を吸う時間、煙草を吸う場所を探す時間、煙草の事を考える時間がなくなったものだから、一日の時間が大幅に増えてしまい、つまり時間を持て余していた。そのおかげで毎日休むことなく英語の勉強ができた。ちなみにその映画は全米公開する事が決まっており、ひょっとするとアメリカで舞台挨拶ができるのではないかという淡い期待もあった。

そんな矢先、計ったように事務所からかかってきた電話は、ハリウッド映画のオーディションの話だった。規模の小さいインディペンデント映画だったが、ハリウッド映画という響きだけでも高揚したし、英語の勉強を始めてすぐに話が来たことに運命のようなものを感じて、さらにペースを上げて勉強した。

オーディション当日。アメリカ人監督が話す英語はほとんど理解できず、なんとなく言いたいことはわかったような気がしても、それに対して英語でどう答えていいものかと考えている余地もないので「Ah」とか「Uh」などと表情豊かに発していると、監督の隣に座っていた日本人スタッフが見兼ねて通訳してくれた。結局オーディションは日本語で行われ、最後に気の良さそうな監督がニコニコと、

「アリガトウゴザイマシタ」

と言うのに、

「You're welcome.」

と返すのが精一杯だった。

情けないやら恥ずかしいやら悔しいやらで、思い出しては歯噛みする数日間だったが、驚いたことにオーディションに合格した。とは言っても、台詞もなく、ただ郵便ポストに郵便物を投函するだけの役だった。それでもハリウッド映画の現場に立てるだけでもありがたい事だと気持ちを入れ替えて、そこで交わされる可能性のある英語の例文を作成し、それを暗記して撮影に備えた。

撮影は練馬のひっそりとしたアパートで行われ、主演女優をはじめ、スタッフの大半が英語が堪能な日本人だった。撮影は粛々と始まり、監督からの指示は特になく、助監督から日本語で「とりあえずやってみてください」と言われ、とりあえず郵便ポストにいくつか郵便物を入れて去っていった。カットの声がかかると、監督は声を出して笑った。

「Ok. Very good !」

何が面白かったのかも、何が very good だったのかも全くわからないままに、撮影はあっという間に終わった。監督が笑顔で手を差し出して、

「アリガトウゴザイマシタ」

と言うのに、

「My pleasure.」

と手を握り答えた。

英語の勉強の成果を発揮する事はできなかったが、お陰で毎日休まずに勉強を続ける動機にはなった。もしかしたらと期待していた、十キロ太って臨んだ映画の全米公開の舞台挨拶に呼ばれる事はなかったが、いつかは役に立つ時が来るだろうと、めげずに勉強を続け、Aがハリウッドの大作映画への出演が決まった事を聞いて、さらに根気よく続けた。そんなある日、事務所に一本の国際電話がかかってきた。なんの前触れもなくかかってきたその電話は、二十年近く音信不通だった兄がアメリカで倒れたという報せだった。

24　オー・ブラザー

初めて映画館で観た映画は塚口サンサン劇場での『男はつらいよ』と『スーパーマンⅡ』の同時上映だった。今になって考えると、初めてとしては申し分ない作品だったと言えるが、思い出としてはあまり良くない。

その夏は母方の祖母が、どこか遠くへ旅行へ行くのに、兄だけを連れて行くと言い、

「あんたはもうちょっと大きなってからな」

と言うのに駄々をコネにコネた末、

「映画館連れてったるから」

という母親の言葉に渋々折り合いをつけたものの、兄だけがどこか遠いところへ行って旨いものを食っておもちゃを買ってもらったりすると思うと、悔しくて涙が出た。それに、自由に遠くへ行ける寅さんを観ていると気持ちが逆撫でされて、映画を楽しむどころではなかった。

大きくなっても旅行には連れて行ってもらえなかったが、祖母にはよく小遣いをもらった。大きくなってからも金に困ると祖母の家に行き、その度に小遣いというには少々多額な金の入ったポチ袋をもらった。役者を志し、上京を決意したことを告げた時も、

心から応援してくれているようには見えなかったが、

「足しにし」

と言って五万もくれた。さすがに少し申し訳ない気分になったので、祖母が大ファンである杉良太郎といつか共演してサインもらってくるからと言うと、祖母は、

「楽しみにしてるわ」

と苦く笑った。それから数年経ち、東京でアルバイトに追われる日々を過ごしていた頃、祖母が長く入院していて、先が長くないと母から報せがあった。

日をおかず、尼崎の国道沿いの真新しい病院に祖母の見舞いに行った。祖母は昔からずっとおばあちゃんだったが、思い返せばかつては髪は黒かったし、旅行が好きで、煙草を吸いながら麻雀している姿は威風堂々としていた。上京する前に会った時には歳をとったとは言えそんな面影を残してはいたが、病室のベッドに横たわる祖母は、全体的に真っ白で、話すことも顔を動かすこともままならない様子だった。祖母は掠れた声で、

「元気にしてんの？」

と聞くので、東京での事や、彼女が出来たこと、その彼女を両親に会わせたら、それまでに見たことがないほど父が陽気で気持ち悪かったことなどをベラベラと話したが、祖母からの反応は特になかった。

「お兄ちゃんは来えへんの？」

話が尽きて、沈黙ができたところで祖母がそう尋ねた。

三つ年上の兄は、大学を出た後、アルバイトで金を貯め、アメリカに留学していた。それからすでに七年以上が経っていたが、帰国した様子もなく、ほとんど連絡を取ることもなかったので、どこでどうしているのかもわからなかった。そもそも仲の良い兄弟というわけでもなかったので、正直言うとあまり興味もなかったが、祖母が「連れてきて」と掠れた声で何度も頼むものだから、必ず連れてくると約束した。すると祖母はベッド脇に置いてあるポーチを取るように言った。手渡すと、あまり自由の利かない手で中からポチ袋を取り出した。喉から手が出るほど欲しかったが、さすがに受け取れないと断ると、祖母は何も言わずポチ袋を突き出してくるので、結局喉から手が出てしまった。彼女はさらに小銭を寄越して言った。

「キャラメル」

グルメで甘いものが好きな祖母が、病院食以外を口にすることを禁じられているとは母から聞いていて、それが祖母にとっていかに辛いことかは容易に想像ができたので、いけない事と承知の上で、小銭を受け取り売店へと向かった。

病室を出てポチ袋の中を見ると一万円が入っていた。祖母の優しさと己の浅ましさが込み上げてきて、トイレに駆け込んで声を殺して泣いた。

キャラメルを買って病室に戻ると、祖母はその日一番の笑顔を見せた。これまでの恩をほんの少しだけ返せたような気がした。

キャラメルの箱を開けると祖母は待ちきれないように口をあんと開けるので、包みをむいて、

「いっこだけやで」

とその小さく開いた口にキャラメルを一つ落としてやった。すると、祖母は目を見開いてもがもがと言いながらどんどん顔を紅潮させてもがきだした。キャラメルが喉に詰まったのだと理解するのに少し時間がかかったが、それとわかるやナースコールを押して廊下に飛び出して大声で看護師を呼んだ。

かけつけた看護師に事情を説明すると、手早く祖母の口に指を突っ込んでキャラメルを取り出してくれた。看護師に怒られて泣きそうになりながら謝り、咳き込み苦しそうな祖母にも何度も謝った。咳が少し落ち着いた祖母は、苦しそうに声を絞り出した。

「殺す気か」

もう休ませるからと看護師に半ば強制的に帰らされた。駅までの道はあまりにも情けなくて泣くに泣けなかった。

その夜、新宿行きの深夜バスを待つ間、父に電話をし、兄について聞くと、兄はアメリカの大学を中退し、寮からも出てそれ以降連絡が取れず、心配ではあるが父も母も英

語が全くできないので、どうして良いのかわからないという。

「お前英語できるんか？」

そう聞かれて、どちらかと言えばできなかったが「多少は」と答えると、メールで兄の大学や寮の住所などを送るから、それを元に探して欲しいと頼まれた。面倒ではあったが、祖母のためにも引き受けた。

それから数日して一通のメールが届いた。それは父からではなく兄からだった。

《永く連絡しなくてごめんなさい。こっちは忙しい日々を過ごしていますが、風邪をひくこともなく元気にしています。

お父さんから僕を探して欲しいという趣旨のメールが僕に届きましたが、こっちは何も心配いらないので探さないでください。》

父からのメールがなかなか届かないと思っていたら、間違って兄に送ってしまったようだった。それなら話は早いと思いながらも、兄からのメールには少し憤りを感じ、すぐに返事を書いた。

ビザも切れているだろうに未だにアメリカでブラブラとしているあなたを特に心配はしておらず、両親共に元気にしているからこちらの心配もする事はないが、兄弟そろってお世話になりっぱなしだった祖母が病床に伏して、弱った体であなたに会いたいと願っているから帰ってきてやってほしい。金はないけど飛行機代くらいならなんとかする、といった内容を少し強めの語調で書いて送った。

兄の返事はいつまで経っても来ず、半年を待たずして祖母は帰らぬ人となった。杉さまのサインも、兄を連れてくるという約束も、なにひとつ果たせず、何も恩返しできないままにおばあちゃんは逝ってしまった。

上京して十五年が経った。その頃は東京ではなく、生まれ故郷の尼崎と似た空気のある横浜の鶴見に家族三人で居を移していた。どれだけ返しても減らないように感じられた借金をようやく完済し、今まで通ることのなかったクレジットカードの審査にも通り、そろそろ生活に〝余裕〟の二文字が見えるような見えないような状況で、冬は外よりも寒くなる家賃八万円のオシャレなあばら家で迎える冬も三度目となり、どれだけ暖をとっても夜明けに目を覚ませば室内でも吐く息は凍り、手足がかじかむほどの厳しい冬を過ごすのはこれっきりにしようと、引っ越しを決意した。人生でほとんど経験したことのない貯金を妻の主導のもとにはじめた秋の終わり頃、事務所から一本の電話があった。

電話主は事務所に勤め始めてさほど経っていないデスクを担当する女性だったのだが、彼女の言葉は思いがけないものだった。

「お兄さんっていますか？」

彼女によると、アメリカのミシガン州に住むジョンと名乗る男性から国際電話があったという。そのジョンさんによると、ジョンさんの奥さんのかつての同僚の日本人男性が倒れて入院していて、重体なので家族に連絡を取りたいが、本人の口から連絡先を聞き出すことができなかったそうだ。だが、その男性が倒れる前に弟が日本で俳優をしていて、アメリカでも公開された日本の映画に出演していると言っていたのを思い出し、その映画のクレジットから同じファミリーネームの出演者を探し、その俳優の所属する事務所に電話してきたのだという。

名前や年齢、その他の話を聞くかぎり、その日本人男性は二十年前にミシガンに留学した兄に間違いなさそうだったが、倒れた理由が脳卒中だと聞いて耳を疑った。テレビや新聞などで見聞きはしても、周りに罹患した人もなく、なんとなく高齢者のかかる病気だと思っていたし、高校・大学と七年間ラグビーを続けた屈強な兄が、四十代半ばでそんな大病にかかるなど信じられなかった。そもそもそのデスクの女性が英語が堪能だと聞いた事もなかったので、ジョンさんは病気の事を英語でなんと言っていたのかを尋ねると「ストローク」と答えたので、それは恐らくstrike（打つ・殴る）の過去形か何かだから、事故か何かで頭を強く打ったのではないかと勝手に解釈した。デスクの女性は納得しかねる様子だったが、ジョンさんの連絡先をメールで送りますと言って電話を切った。いきなり国際電話をかける勇気はなかったので、メールを送る事にして、連絡をくれた事への感謝とその日本人の弟である事、そして兄の容態とこちらはどうすべきなのかを、翻訳サイトの力を借りて手短に記し連絡先と共に送信した。

突然すぎる報せだったが、妙に落ち着いていた。強いて言うならば、煩わしかった。二十年間どこで何をしているのかもわからず、世話になった祖母の今際にも姿を見せなかった兄に、怒りにまかせて、

「兄でもなければ家族でもない」

といったメールを送ったきり兄の事を考える事もなかった。ここにきて去来するのは兄との思い出よりも、遠く離れた土地で、どうせロクでもない事でもやって人様に迷惑をかけているのであろう兄に対する非難と失望だった。そのような事を考えるでもなく考えていると、パソコンの通知音がメールの返信を報せた。

一万キロも離れた場所へ送ったメールはわずか十分足らずで返って来た。そこには簡単な挨拶の後に、連絡先を兄の入院する病院に転送したのですぐに看護師から連絡があるだろうという旨に続いて兄の病状がこう書かれていた。

《Your brother had a stroke and has bleeding on the brain.》

ネットで調べてみるとstrokeはstrikeの過去形ではなく、脳卒中という日本語に訳されていたし、ジョンさんは丁寧に脳から出血しているとも説明してくれていた。改めて脳卒中について調べてみて、事態は思ったよりも深刻だと理解し、目を閉じ大きな溜

息をついた。

ほどなくして携帯電話が着信を告げた。画面に映る見慣れない電話番号の下にはミシガン州・アメリカ合衆国と表示されていた。

面と向かってでも上手くできないのに、身振りも手振りも伝わらない電話で英語でコミュニケーションを取るのはとても勇気のいることだった。わずかな時間にあれこれと逡巡した末、思い切って電話に出た。

「ハロー」

「Hello, ◎▼※☆◇♯△○ !」

緊張しながら挨拶と自己紹介をすると、なんとか伝わったようで、恐らくそこから英語が堪能でない事もよく伝わったらしく、ジョンさんは、「連絡をくれてありがとう」といったような事を、聞き取りやすいようゆっくりと言ってくれた。彼の気遣いのお陰でなんとか聞き取れはするが、一文を理解する間にジョンさんは次の言葉を発するので、会話の内容は断片的にしか把握できなかった。

「あなたのお兄さんは危険な状態にあるので、手術が必要で、そのために家族の同意が必要であり、うんぬんかんぬん、とにかくアメリカに来て欲しい」

彼が言うのはこういう内容だと推測できたので、

「私はアメリカに行こうと思っています。私にとって、電話で英語を話すのは難しい。

「だからメールで連絡します」

と返すと、ジョンさんは少し間を置いて、「ＯＫ」と応えた。

電話を切った後、びっしょりとかいた手の汗を拭いて、呼吸を整え、頭を整理してから、事務所に電話して英語に堪能なデスクに事のあらましと、アメリカに行く必要がある事を伝えた。幸か不幸か仕事は一週間入っていなかったので、時間の余裕は十分にあったのだが、経済的な余裕はほとんどなかったので、また事務所から前借りをした。

その日の夜遅くに電話が鳴った。発信先はミシガン州だったが、応えると受話器の向こうの声は女性だった。自己紹介で彼女がサリー某という兄の入院している病院のナースだということはわかったが、彼女の話す英語は、こちらに相槌を打つ間すら与えないほどに早く、ほとんど何を話しているのかわからなかった。こちらが何も応えられずにいると、彼女は「ＯＫ」と言い、電話の向こうからは保留中の音楽が流れた。

数分して音楽が止まり、受話器の向こうでガサゴソと音がしたあと、不意に男の声で名前を呼ばれた。口に何か入れたまま話すかのような、おかしな話し方だったが、聞き覚えのあるその声の主が兄だということはすぐにわかった。二十年ぶりの兄の声だった。

「おにいちゃん？」

特に感情のこもらない声で何度か「大丈夫？」「どうしてる？」と受話器に向かって

声をかけたが、兄はただ名前を何度も繰り返すだけだった。だがその声は徐々に力を失い「んー」という声が聞こえるだけとなったところで受話器はまたサリーに戻り、何かをまくし立てるように言って電話は切れた。

電話を切ってまず、こんな英語力で、たった一人渡米するのはかなり不安だと気づいた。そこでアメリカ在住の数えるほどの知人のうち、込み入った事情でも快諾してくれそうな三人に連絡をとってみた。一人は返事が来ず、一人はすぐに返事が来たが、ミシガンは遠すぎると断られた。三人目は二年ほど前にアメリカへ嫁いだ、妻の母の再婚相手の娘のリサちゃんだった。彼女とは二度しか会ったことがなかったが、ミシガン州の隣の隣のイリノイ州に住んでいるので比較的近いだろうと望みをかけてメッセージを送った。

快諾の返事が届いたのは翌日の早朝だった。リサちゃんの返事には、二日間しかいられないけど、と前置きはしてあったが、それでもずいぶんと心強かった。

出発前夜はジョンさんとメールのやり取りをしながら、かなり大雑把な旅程を組んだ。兄が住むのはミシガン州のカラマズーという町で、デトロイト空港から車で西に二時間ほど走った辺りにある。だが手配したチケットは格安航空券だったため、まずは成田からワシントンへ飛び、そこからデトロイト行きの飛行機に乗り換えなければならなかった。デトロイト空港からの陸路はジョンさんが車で迎えに行くと言ってくれたので甘えることにした。滞在期間は四泊の予定だったが、病室に泊まれるだろうと勝手に見越してホテルなどは予約しなかった。

予期せぬ形ではあったが、学生時代からずっと憧れていた海外へのひとり旅となった。布団に入って何を想うわけでもなかったが、なかなか寝付けなかったので、時差ボケ対策になると思い、そのまま寝ずに朝を迎えた。妻は旅の安全と、会った事もない兄の容体を心から案じ、それと同じくらい、くれぐれも無駄遣いをしないようにと念を押して送り出してくれた。

成田空港に着いてチェックインをした後、たかだか五日間の旅だったが、日本を離れるからと理由をつけて寿司を食べ、セキュリティチェックと出国審査を経て搭乗口へと向かった。

ひとりに不安を感じながらも搭乗手続きを済ませ、何の問題もなくワシントン行きの機内に乗り込み席に着いた。

離陸後すぐに機内食を食べ、ワインを飲んで映画を観ているといつのまにか眠ってしまい、目が覚めると着陸一時間前だった。

ワシントンの空港に着き、デトロイト行きの便への乗り換えまでは二時間以上あったので、食事をとることにした。日本を発つ前から、アメリカに着いたら一番にハンバーガーを食べようと決めていたので、空港内にあるハンバーガー屋に入った。不安の多いひとり旅は、ハンバーガーの注文すら難しかったが、そのハンバーガーの予想を上回る大きさと、脳天が痺れるほどパンチのある肉と胡椒の味にアメリカに来たのだと実感し、思わず笑みがこぼれた。

食後は空港内を散策して時間を潰した。売店に並ぶアメリカらしい商品は見ていて飽きず、ついつい菓子や水やメモ帳など、とくに必要でもないものを買ったりしながらデトロイト行きの便の搭乗口へと向かうと、ワシントンに着いた時は定刻通りだった出発時刻が一時間遅れに変更されていた。すぐにその事をジョンさんにメールしたが、出発までに返事は来なかった。

二時間弱でデトロイトの空港に着いた。着陸してすぐに携帯の機内モードを解除すると、ジョンさんからの返事が来ていた。

《I will be there. Do you want anything from Whole foods？ Sushi？》

送信時間からすると、やはり一時間ほど前には空港付近にいたようだったが、こちらが遅れる事に文句を言うどころか、スーパーに寄るから何か欲しいものがあるか？ 寿司か？ と気を遣ってくれていた。まだ見ぬジョンさんはどうやら良い人そうだったので安心し、お腹が減っていない事と、デトロイト空港に着いた事を送信するとすぐに返事がきた。

《Redford escape》

……レッドフォードが逃げた？

……ロバート・レッドフォードが？

いや、もしかしたらジョンさんの飼い犬か何かの名前なのか？　それとも何かの慣用句、もしくは暗号なのか？

《What do you mean by ?》

どういう意味なのかとジョンさんに返事を送ったが、その回答は返ってこなかった。すでに一時間以上待たせているので、もしかして怒っているのではないかと不安が募った。とにかく早く彼を見つけなければと気は急いたが、大きなトランクを引いて広い空港をあちこち動き回ったせいですっかり疲れてしまったので、あらかじめ聞いてあったジョンさんの電話番号に、勇気を出して電話をかけることにした。一時間遅れたことをどう謝るか、今の状況をどう説明したらいいかなど、頭の中で英作文をしながらジョンさんの応答を待ったが、携帯からコール音は聞こえず、ただ「プップップ」という電子音が鳴り続けるだけだった。何度か電話をかけ直してもその状況は続き、不安は徐々に危機感へと変わっていった。一刻も早くジョンさんを探そうと外に出たが、どこまでも続く空港前の車道を前にして、膝からヘナヘナと音が出るほどに力が抜けた。そんな時、ジョンさんからの電話が鳴った。

「もしもし、えーと……」

「後ろ！　うしろ！」

「……え？　え？」

「振りかえれ！」

振り返るとずんぐりむっくりとした三十代半ばくらいの男性が電話をしながらこちらに手を振っていた。それがジョンさんだと疑う余地はなく、急ぎ駆け寄った。

「ごめんなさい、ごめんなさい、えーと、ごめんなさい」

必死であなたを探し回ったのだと弁解したかったが、口をつくのは「Sorry」ばかりだった。

握手をして互いの自己紹介を終えて、まず聞いた。

「レッドフォードとは誰なんですか？」

彼ははじめキョトンとしていたが、急に笑い出した。

「彼がエスケープだよ」

そう言ってジョンさんは、傍に停まっていた赤いSUV車のエンブレムを指してゆっくりと言った。

「赤い・フォードの・エスケープ」

意味がわかったとたん恥ずかしくなり笑った。

緊張の出会いは、結果的には笑いの溢れるものとなり、カラマズーまで二時間余のドライブも、しばらくはたどたどしいながらも会話が弾んだ。映画に出てるなんてすごいなと言い、

「次はどんな映画に出るんだ？」

と聞くものだから、まだ人に漏らしてはいけない事だったけど、つい調子に乗って、アメリカでも有名な怪獣映画に出演すると答えると彼は少し感心して、「必ず観るよ」と言った。

その後、ジョンの話になり、彼はアメリカンフットボールをこよなく愛する四十歳で、ブラジル出身の奥さんとの間に二人の息子がいて、ワインショップを経営しているなどといった事を断片的には理解できたが、話が進むにつれてテンポを上げる彼の話に脳が追いつかなくなり、ジョンのなんらかの問いかけに曖昧な返事をしたところで少し間が空いた。その間を恐れて、何か盛り上がるような話題を探すも見つからず、かと言って黙っている訳にもいかないので、聞く事にした。

「私の兄はどうですか？」

「あまり良くないよ」

ジョンは言葉を選びながら、兄の病状や、病院の事などを話してくれた。医療用語なども多くてほとんど理解できず、ジョンに何かを聞かれても、やはり曖昧な相槌を打つことしかできなかった。そのうちジョンは、なにか諦めたかのように話を終え、車内にはエンジン音が響くだけとなった。

空港を発って三十分ほど経過し、赤いエスケープはまっすぐで単調なハイウェイを止まる事なく走り続けた。車の振動と退屈な車窓が眠気を誘った。寝てはいけない、何か話さなくてはいけないとは思うものの、英語脳はすっかり機能を停止してしまい、それに伴って他の思考も停止していった。

気がつくと陽は傾き、車はハイウェイを降りて市街地を走っていた。

「おはよう」

眠ってしまった事を詫びると、ジョンは笑って「気にするな、旅の疲れだ。これですっきりするぞ」らしき事を言って、ドリンクホルダーを指した。そこには温かいコーヒーが置いてあった。

あれが大学だ、あれが役所だ、などとジョンの街案内を聞きながら、少し寂しい市街地を十五分ほど走ったところで、建ち並ぶ茶色い団地のような巨大な建物群に差し掛かった。

「ここが病院だ」

そう言って車を敷地内へと進めた。ジョンはその広大な病院の敷地内を道に迷いながら数分走り、目的の棟の前に車を停めた。洋画でよく見るような病院のエントランスから中に入ると、夕暮れ時の院内は人影もないほど静まり返っていた。ジョンに案内されるままに後に続くと、そこはまるで巨大な迷路のように入り組んでいて、エレベーターを乗り間違えたりしながら、あっちでもないこっちでもないと歩き回り、結局階段を使ってようやく目的のフロアに辿り着いた。

階段からひとつ角を曲がると、やはり何かの映画で観たような広く長い廊下が伸びていて、その突き当たりにあるガラス張りのドアを指してジョンは言った。

「あそこにお前のお兄さんはいる」

たしかに遠くに見えるガラスドアの向こうには看護師に付き添われた車椅子に乗った男性がいて、顔はよく見えなかったが、状況的に考えてそれが兄だということは疑いようがなかった。病院に着くまでは、病室のドアを開けるとベッドに横たわる兄がいて、感動的ではないが、二十年ぶりの再会に涙してしまうのではないかと少し恐れていたが、実際に兄を前にして、一歩また一歩と歩みを進めるたびに、体の中の何かは、込み上がるどころか、どんどん下がっていった。

ガラスドアの前に立つとドアは自動で開き、それに付き添いの女性看護師が気づき車椅子をこちらに向けてくれた。そこに座るのはやはり兄だったが、高校時代にハルクとあだ名された屈強な男はそこにはいなかった。車椅子に、置かれたように傾き力なく座る兄は、痩せこけ、肌は異様に黒く、まるで腐ったバナナの皮のようだった。少し驚いたのは、そんな兄を目の当たりにしても、なんの感情も湧き上がってこないことだった。

首から下はまるで死体のようで、左半分が硬直したような表情から体に麻痺があることが見て取れた。兄はその引きつった表情でこちらをしばらく凝視してから、暗く淀んだ目を少し見開き、上手く動かない口を歪ませながら、電話で聞いたように弟の名前を連呼した。目の前で名を呼ぶ兄の声が、ほんのわずかに琴線に触れたような気がした。その声にどう応えるか少し迷った末、さらりと言った。

「久しぶり」

それを聞いて兄は、顔を歪ませたようだったが、あまり見ないようにした。その時、兄がどういう気持ちだったのかは、ずいぶん後になるまで考えることもなかった。

兄はそのうち電池が切れたように口を閉ざした。サンディと名乗る、随分グラマラスな看護師は、兄は何かが原因で大変な処置をしたところで疲れている、といったような事を説明してくれたようだったが、疲れているという事以外はよく意味がわからなかった。わかったふりをして相槌をうつと、彼女は病室に戻ると言い車椅子を押したので、ジョンと共にその後に続いた。

同じフロアにある兄の病室は、広く清潔で立派な個室だった。サンディは車椅子をベッド脇につけ「手伝って」と言うので、一緒に兄の体を抱き上げると、手から伝わる兄の体は肉の感触がなく驚くほどに軽く、臭かった。

ベッドの上の兄は、小さな声で途切れ途切れになにかを口にしていたが、そのうち目を閉じて眠ってしまった。ふと携帯を見ると、イリノイ州から来てくれたリサちゃんの到着を報せるメールと電話の着信履歴が画面に表示されていたので、すぐに電話をし、病棟の入り口の前で落ち合った。そもそも数回しか会った事のない妻の義妹がわざわざ来てくれた事には感謝するばかりだったが、彼女の住むイリノイのやや南部の街からカラマズーまで車で五時間半もかかると聞き、感謝どころか申し訳なさでいっぱいになった。彼女に何度も謝りつつ、広い病棟内をまた少し迷いながら兄の病室へと戻った。

ジョンとサンディを紹介すると、リサちゃんは非常に流暢な英語で二人と挨拶を交わした。その姿はとても心強かった。改めて彼女が説明を求めると、サンディは、

「外で話そう」

と廊下へ出てから話し始め、それをリサちゃんが訳してくれた。

五日前、兄は自宅で意識を失い、一日以上経ってたまたま彼の家を訪れた知人女性が

発見し、救急車を呼んで病院に搬送されたが、発見まで時間がかかったために脳内の出血も深刻な状況の上、脳内に〝ＡＶＭ〟と呼ばれる何かがあるらしい。そのせいで非常に困難な手術を要求され、数日前に施した応急的な手術は成功したが、再度手術をする必要があり、それがこの病院では出来ないかもしれない。さらに問題は脳以外にもあり、兄は以前から酒によって肝臓を患っていたそうで、その状態もかなり深刻だと、サンディはテキパキと説明し、それをリサちゃんが同情を隠せないといった様子で通訳してくれた。兄が酒飲みだというのは少し意外だったが、彼の異様な黒さはそのせいだったのかと合点がいった。

実は大した事ではないのではないか、と何となくそう思ってアメリカまで来てはみたが、思っていたよりも事態は深刻なのだとわかり、気が重くなった。ところが問題はまだあった。

兄はビザもパスポートも失効していて、さらになんの保険にも入っていないのだとサンディは言った。それが何を意味するのかがすぐにはわからなかったが、リサちゃんが少し驚いた様子を見せた後に説明してくれた。つまり兄は米国においては不法滞在者であり、さらに保険に入っていないという事は、治療費や入院費は全て自己負担で、しかもアメリカの医療費は法外な金額だと、彼女は嘆息まじりに言った。

それは幾らくらいになるのかと聞いてもらうと、入院の期間と手術によって変わると言われたので、現時点で大まかに幾らくらいになるかと質問を変えると、サンディは、専門ではないから詳しくはわからないが大体、と前置きした上で答えた。

「A hundred thousand dollars.」

しっかりと聞き取れはしたが、百なのか千なのか、それが日本円にして幾らくらいになるのかと考えていると、リサちゃんが言った。

「日本円で一千万円くらい」

一瞬刻が止まった。一千万なんてもちろん払える訳がない。しかもその金額は入院期間が長くなるにつれてどんどんと膨れ上がっていく。

「無理無理無理無理無理無理！」

廊下に響き渡るほどの声でそう発したが、サンディには十分意味が伝わったようで、通訳を待たずして何かややこしい説明をはじめた。治療費を安くできるプログラムのようなものがあるから、病院のソーシャルワーカーに相談する必要がある、とリサちゃんがざっくりと通訳してくれた。

安くなったとしても決して簡単に払える金額になるとも思えず、ようやく借金がなくなろうとしているのに、こんな形でまたも莫大な額を背負うことになるのか、そう思い遠くなりかけた気は、戻ってくると兄への憤りに変わっていた。

ソーシャルワーカーはもう帰ってしまったが、明日朝一番に会えるように手配するとサンディは言い、それから思い出したように言った。

「今日はどこに泊まるの？」

出来ればジョンの家に泊めてくれればありがたいのだが、そんな厚かましいお願いもできない、とは思いつつも彼の方をチラリと見ると、ジョンからは何の反応もなかった。

「特に決めていない」

と答えると、サンディは病院に併設のホテルがあるからそこに泊まればいいと提案してくれたが、一泊五万円くらいだと言うので、そんな金はないと断り、兄の病室に泊まることは可能かと聞いた。彼女は、もちろん可能だし小さなベッドも用意はできるが、病室なんかに寝泊まりするのは大変じゃないかと心配した。再びジョンの様子を窺ったが、やはり反応はなかったので、

「問題ありません」

と答えた。

日はすっかり落ち、サンディは「また明日」と帰っていった。気が滅入るような話ばかり聞かされて、体がどっと重くなったが、それ以上に腹が減ったので、ジョンとリサちゃんを食事に誘うと、ジョンの妻と、兄の友人も呼ぶことになった。

病院から十分ほど車を走らせると、街並みはずいぶんと都会っぽくなった。その一角

にある、ちょっと洗練されたレストランに入り、勧められるがままに地元のクラフトビールを注文したのだが、そのビールが驚くほど旨く、ほぼ一気にジョッキを空けた。

　そうするうち、ジョンの妻・アマンダと、兄の友人・ゲイルがやって来た。ブラジル出身のアマンダはカラマズーにある大学に留学中にバイトをしていたピザ屋で兄と出会い、それからずっと仲良くしているのだと言い、行政機関に勤めるというゲイルは、十年ほど前にどこかのホームパーティーで出会ったのだと説明してくれた。彼らは聞きもしないのに兄の話を色々としてくれた。兄はとにかく仕事熱心で、人に優しく、いつも面白いことを言う、とてもいい奴だと三人は口を揃えた。言われてみれば、学生時代、兄は家にいる時は無愛想でたいして会話もしなかったが、先輩から兄の話を聞いた時に、

「お前の兄貴めっちゃおもろい奴やで」

　と言われて少し驚いた記憶がある。

　話が落ち着いたところで、改めて兄が発見された経緯を三人に尋ねると、倒れているのを発見して救急車を呼んでくれたのは、素性のわからない五、六十代の女性で、兄が彼女とどこで出会い、なぜ仲良くしていたのかは皆あまり知らなかった。その後は兄の話を避けるように話題を変えた。酒が入ると不思議なことに英語が話しやすくなり、リサちゃんの通訳を介さずとも会話が盛り上がり、楽しい時間を過ごした。

　会計時、お世話になった礼を込めて支払いは任せてくれと大見得を切ったら、皆一同

に「No, no.」とそれを許さなかったどころか、誰が支払ったのかはわからないまま、結局一セントも出さずに店を出ることになったので、精一杯感謝を伝えるとジョンが笑って言った。

「あいつの弟なんだから当然だ」

それを聞いて酔いが醒めた。

近くのホテルにリサちゃんを送り、ジョンの車で病院に戻った。

翌日の午後に会う約束をして、ジョン夫妻とゲイルは帰って行った。車が見えなくなるまで彼らを見送ってから一人、病棟に入った。夜の病棟は日本のそれほど怖くはなかったが、また少し道に迷って兄の病室にたどり着いた。そろりとドアを開け病室にはいると、悪臭が鼻をついた。死体のように眠る兄をしばらく見つめていると、彼に対してあった感情はまた消えてしまった。

あまり考えないようにして横になったが、簡易ベッドは思った以上に寝心地が悪く、それに加えてどんよりと重い部屋の空気と慣れることのない悪臭が気持ちを一層逆撫でした。なんとか眠ろうと小さなソファで横になったり、床に寝てみたりしながら、眠ったような眠っていないような夜を過ごし、数人の看護師が病室のドアを開ける音で朝を知った。

三人の看護師たちは明るく元気いっぱいに部屋に入ってきて「おはよう」だとか「なんで床に寝てるの?」だとかなんとかと口にしながら点滴やモニターのチェック、部屋の掃除などをすすめていった。そんな様子をぼけっと眺めているわけにもいかないので、何か手伝う事はないかと聞くと、兄の体を横向きのまま支えてくれというので、言われるがままにした。その状態で若い看護師はテキパキと兄のオムツ替えに取りかかった。いくら肉親とはいえ初めて目の当たりにする大人のオムツ替えは見ていられるものではなく、悪臭に思わず顔が歪んだ。

作業は十分ほどで終わり、年配の看護師が、

「ソーシャルワーカー・十一時・ナースステーション」

とわかりやすく言い残して病室を出て行った。

陽の光が窓から差し込み、彼女たちのおかげで先ほどまでの悪臭もほとんどなくなり病室は随分と爽やかになったので、もう一眠りしようとソファに横になった。

「すごいやん」

聞き取りづらい上に、不意に耳にした日本語を理解するのに少し時間がかかったが、兄がそう言った。

「え?」

起き上がって兄を見ると、灰色の瞳でこちらを凝視していた。少しの間があって兄は辛そうに口を動かしながらまた言った。

「えいごはなしてるやん」

「あんなん話してるうちに入らへんやろ」

その答えを脳内で処理するのに時間がかかっているかのように、また間が空いた。

「すごいな」

そう言って、スイッチが切れてしまったかのように虚空を見つめる兄は、一言話すだけでも相当疲れるようだった。

「うん」

怒っていいのか悲しんでいいのかわからず、逃げるように病室を出た。

朝の病院を歩くと、廊下や階段にも陽光が多く入り、すれ違う看護師たちは皆明るく声をかけてくれたので気が紛れた。一階に降りると、夜には気づかなかったが、そこはまるでショッピングセンターのように店舗が並んでいた。その一角の開放感のあるカフェに入り、コーヒーとサンドウィッチを苦戦して注文した。病院のカフェにしては居心地も味も良いので、帰国までの三日間、院内にいる時はほとんどそのカフェに入り浸っていた。

しばらくしてリサちゃんとカフェで落ち合い、十一時にナースステーションでソーシャルワーカーと面談した。ベティと名乗る女性のソーシャルワーカーは、開口一番、事態はかなり深刻だが、希望を持とう、とハキハキと言うので余計に心配になった。彼女によると、兄の脳はいつ再び出血するかわからず、肝臓の状態もひどいために体力が極度に低下しており、しばらくは飛行機に乗ることもできないので日本に帰るまでには数ヶ月かかるかもしれないとの事だった。ただでさえ高額な入院費を数ヶ月も払うことを考えると、思わず机に突っ伏した。計算したくもないほどの金額を請求されても支払えない、すがりつくようにリサちゃんを介さずに訴えると、ベティは先刻承知というように説明を始めた。

アメリカには国にも、州にも、さらには病院にも、低所得者の医療費を控除するプログラムがあり、それぞれに条件はあるが、兄もその対象になり得るので希望はある、と彼女は言った。一体どの程度安くなるのかと聞くと、それはまだはっきりとはわからないと言い、だが払える程度の金額になるように努力する、と付け加えた。幾ら払えると思っているのかを考えると甚だ不安ではあったが、それ以上は何も言えなかった。

彼女はさらに、帰国のためには失効しているビザとパスポートをなんとかする必要があるが、それは病院ではどうにもならないので、デトロイトにある日本領事館に連絡しなさい、と続けた。

ベティの指示どおり、すぐに領事館に電話をした。英語と日本語のガイダンスの後に代表につながれ、そこからなんとかという課のヤマモトという太い声の男性に電話が渡った。ややこしい事情をヤマモトさんは同情するような相槌を打ちながら聞いてくれ、翌朝一番にカラマズーに来てくれると約束してくれた。

電話を終えると、リサちゃんがそろそろイリノイに帰らないといけないから最後に兄に挨拶をと言うので病室に戻ると、ジョンと妻のアマンダの他に、背の高い男性が兄に語りかけながら談笑していた。大柄で生え際はいくぶん後退しているが、それ以外は若く見えるその男性がウッディだった。彼はこちらに気づくと、

「やっと会えた」

と手を差し出した。ウッディは兄とは十年来の付き合いで、兄と最も仲の良い友人の一人だとジョンが言った。柔らかい笑顔をたたえながら陽気に兄に語りかけるウッディを見ると、それも納得できた。

皆兄が元気な時もそうであったとわかるほど楽しげに、あの時はどうだった、その時こいつはこうだった、などと冗談を言いながら兄に話しかけていたが、兄はそれを聞いているのか聞いていないのかもはっきりしないような表情でベッドに横たわって、そのうちにゆっくりまぶたを閉じ眠ってしまった。皆はしばらくその寝顔を見つめていた。

「どこに滞在しているんだ?」

気を取り直すかのように出たウッディの質問に、よくぞ聞いてくれたと答えた。

「この病室に滞在しているけど、快適ではない」

それはそうだと一様に同情してくれ、ジョンが言った。

「兄貴の家はだめなのか？」

言われてみればその手があったか、と思わず手を打ちそうになったが、ウッディが小声で制した。

「それはやめたほうがいい」

そう言ってウッディは皆を病室の外へと促した。

それは妙な話で、リサちゃんはウッディに何度も聞き返しながら訳してくれた。少し前から兄の家には〝ベッドバグ〟と呼ばれる虫が発生したという。それは小さい虫でベッドに繁殖して人を咬むというので、ノミのような虫かと思ったら、彼が「とても小さい」と指で示した大きさは小さなゴキブリくらいあった。ただ、兄が不潔だからその虫が発生したのではなく、いつからか兄と仲良くしていた女性が兄の家に虫を持ってきたという。ウッディはその女性をバグレディと呼び、二度ほど会った事がある彼女の事をオールドでクレイジーだと表現した。兄がどうしてそんな女性と仲良くしていたのか、ウッディも理解に苦しんだそうだが、倒れた兄を発見し、救急車を呼んでくれたのは他ならぬ彼女だった。

ジョン夫妻もその女性については薄らとしか知らなかった。ただ兄はとてもユニークな男で、交友関係が広く、誰にでも優しいから、そんな女性とも仲良くしてたんじゃないかとウッディを諭すかのように言った。

駐車場でリサちゃんを見送った。短い間だったが、来てくれて本当に助かったと厚く感謝し、帰国したら彼女の好物の甘納豆を送ると約束した。ジョン夫妻も同じように感謝を伝え、彼女にワインをプレゼントした。彼女は喜んでそれを受け取り、笑顔で車に乗り込んだ。

見送る車が小さくなるにつれて心細さが加速した。何か話さなければと英単語を頭の中で探していると、ウッディが出し抜けに言った。

「オレのところに泊まるか?」

彼が確かにそう言ったことを確認してから二つ返事で好意を受けた。

ウッディの家は病院から車で五分ほどの場所にあったが、遠回りして夕飯のピザと缶ビールを買ってから帰った。少し寂しい住宅街にある一軒家の二階が彼の住まいで、一階にはクレイジーな大家が住んでいるからと、屋外にある鉄製の階段を静かに上がって玄関を開けた。とたん白い犬が元気いっぱいに飛び出してきた。彼の名前はボムといい、ウッディはボムと二人暮らしだった。ウッディは三十九歳で、塗装の仕事をしているが、あまり仕事はなくて暇だとぼやいた。音楽や映画が好きで、日本の映画もよく観ると言う彼の部屋には、『子連れ狼』のポスターが貼られていた。

ビール片手に巨大なピザをつまんで、映画や音楽の話で大いに盛り上がった。ウッディの英語はとても聞き取りやすく、しかも彼はつたない英語でもちゃんと聞き取ってくれるので、彼との会話は苦にならなかった。

半分は翌日の朝食にするつもりだった巨大なピザを二人で平らげ、お腹も会話も落ち着いた頃にウッディは兄の話を始めた。

陽気で、ジョークをよく言い、仕事も真面目でなにより人に優しいので、みんな彼の事が大好きだ、ウッディの語る兄の人物像はそんなところだった。

兄は酒に強かったそうだが、ある頃から家でも一人でウォッカをがばがば飲んでいたそうだ。兄はその頃酔うと、

「日本に帰りたい」

とかそんな事を吐露していたらしい。

一人暮らしで酒に溺れるというのは身に覚えがあり、それで生活が破綻しかけた事があるので、兄弟だなと少し共感はできたが、兄の違うところは、いくら酒を飲んでもア

ルバイトを休む事はなかったそうだ。毎晩のように酒を飲みながらも、かけもちでバイトをしていたという。だが二年前、ついに体を壊し、病院にかつぎこまれたそうだ。その時に肝臓に深刻な問題が見つかり、手術と入院の必要があったのだが、保険にも入っていなかったので、兄は病院から逃げ出した。

病院を脱出してから兄は健康に気をつけるようにはなったが、アルコールを断つことができず、友人たちはことあるごとにそれを咎めた。だが兄はいつも冗談を言ってその場をやりすごしたそうだ。兄がバグレディと出会ったのはその頃ではないかとウッディは言った。彼女は兄のアルコールの問題を真剣に考え、時には叱り付けたりもすると、兄は苦笑いしながらウッディに話したそうだが、彼女と親しくなってから兄は酒の量が減り、健康を取り戻しつつあったという。彼女が兄の家の鍵を持っていた事には驚いたが、そのおかげで倒れた兄を発見し、適切な処置をしてくれたのだから、彼女は兄の命の恩人だとウッディは言った。たしかにその通りだったので、彼女とはどこに行ったら会えるかと尋ねると、わからないが、もしかしたら知ってる奴がいるかもしれないから聞いておくとウッディは答えた。

気づけば二人でビール十缶を空けようとしていた。ウッディは写真を引っ張り出して兄との思い出などを話してくれたが、そのうち彼は声を震わせ、涙を流した。彼は兄に深く同情し、なにか出来る事があったのではないかと後悔しているとぽろぽろと泣いた。

そんな彼の気持ちに胸が苦しくなり、もらい泣きしそうになったが、兄の事を思うとやはり涙が流れる事はなかった。その事に居心地の悪さを感じ、どこか言い訳するかのようにウッディに話した。

兄とは特に仲が良かった記憶がない事や、祖母が危篤の時にも帰ってこなかった事、連絡も寄越さずに《もう探さないでくれ》とメールしてきた事、それに対して激しいメールを送った事、それから兄はもういないと思うようになった事、今更帰ってこられても迷惑だと思っていたらこんな形で再会して、気持ちの持ちようがわからない、そんな風な事を酒の勢いを借りてウッディに話した。彼はどこまで理解したのかはわからないが、その話を「うんうん」と聞いてくれた。

ウッディは優しい表情をたたえていたが、少し間を置いて、

「あいつはお前の話をよくしていたよ」

と呟いた。

その言葉が心臓をチクッと刺したような気がして、押し流すようにビールを呷った。

翌日、ウッディに仕事のついでに病院に送ってもらい、兄の病室のある階まで上がり、ナースステーションの前を過ぎたところで、日本語で名前を呼ばれた。声の主はスーツを着込んだ巨漢の日本人で、傍には同じくスーツを着たひょろっとした白人男性が立っ

ていた。それがデトロイトの日本領事館の山本さんで、白人男性は流暢な日本語で、同僚のトム、と名乗った。彼らは約束の一時間以上前には病院に着いていて、医師やソーシャルワーカーから大体の事情は聞いてあると言った。二人とも役所の人間にしては妙に親しみやすく、特に山本さんは、体格も含めて第一印象から頼りがいがあった。結果的にそれは間違いではなかったが、トムには良い意味で裏切られる事になる。

兄が飛行機に乗れるようになるまでは少なくとも二ヶ月はかかるので、その間に山本さんは必要書類などの準備などを含め、帰国の手続きを進めると請け合ってくれた。こういった事案は多くはないが、実例はあるので、ビザやパスポートの問題は心配しなくていいと山本さんは力強く言った。一つ不安が解消された。さらに最大の懸案である金銭面の問題も、同じく実例があるのでなんとかなるはずだと言ってくれた。山本さんには、本当になんとかなるのではないかと思わせる説得力があった。

二日後に帰国する旨を伝えると、山本さんは、時間があれば極力カラマズーに兄の様子を見にくると言った。領事館のあるデトロイトから車で片道二時間の距離をわざわざ来てもらうのは申し訳なかったが、「お兄さんは私と同い年ですから」と山本さんが笑顔で言うので、深く礼をして甘えることにした。

その夜、ゲイルに誘われて、兄が働いていたという食堂にウッディと行った。そこのオーナーは、ウッディ曰くクレイジーなばあさんで、確かに押しの強い老婆ではあったが、兄の事を友人であり息子だったと言い、目を潤ませて彼が倒れた事を哀しみながら、いかに勤勉だったか、ジョークが最高だったか、などと話をしてくれた。特に同僚が皿を大量に割ってしまった時に兄が言ったジョークがあまりにも面白くて、と彼女は話しながら大笑いし、ウッディとゲイルもそれを聞いて爆笑していたが、何が面白いのかはちっともわからなかった。

「弟だったらあんたも息子みたいなもんだ」

帰り際、彼女はそんなような事を言ってランチボックスに料理をぱんぱんに詰めて持たせてくれた。

病院にいる間はほとんどを院内のカフェで過ごしたが、滞在四日目は仕事が早く終わったウッディが見舞いに来たので、午後から彼と病室で過ごした。すると数時間の間に兄の友人が何人も見舞いに来た。

家にいる時は無愛想な兄だったが、外ではやはり陽気な人気者だったようで、多種多様な友人たちは皆一様に兄の事を、面白い奴だとか優しい奴だと言った。そんな彼らも皆面白く優しい人たちだった。兄は再会した時よりも幾分か体力を取り戻したようで、友人たちともなんとか会話ができているようだった。

友人たちが帰り、ウッディが車に何かを取りに出た少しの間、兄と二人になったので、翌日に日本へ帰る事を伝え、日本から送って欲しいものがないかと尋ねた。

「ポカリスエット」

意外な要求だった。他にないかと聞くと、昔聴いていた音楽が聴きたいと答えた。

それから沈黙が訪れたので話題をさがし、兄もラグビーが好きなのを思いだし、W杯イングランド大会で日本代表が強豪国の南アフリカから大金星を挙げた話をした。兄はそれをネットの記事で読み、知らない選手ばかりだったが、記事だけでも感動したと言うので、日本のラグビー事情を話して聞かせた。兄は冗談でも言うように洩らした。

「もうラグビーはできへんな」

「そんなんわからへんよ」

どんよりとした気まずさを感じた。

「お父さんとお母さんどうしてんの？」

しばらくして口を開いた兄の問いに、どこか縋(すが)り付くように、面白おかしく両親の近況を話した。厳しかった父が随分丸くなり、夫婦揃って体型も丸くなったとか、縁もゆかりもない滋賀の田舎に移り住んで、今は仲良く暮らしているといった事を話した。

「会いたいなあ」

「すぐ会えるよ」

「お母さんに会いたいなあ。お父さんに会ったら怒られるかな」

「どっちも会いたがってるよ」

両親の事を思うと少し胸が締め付けられたので、写真を送ろうと兄に顔を寄せて自撮りをした。兄は数日前ほど臭くはなかった。


翌朝、ジョンの車にウッディも同乗し、デトロイト空港まで見送ってくれた。会話は往路よりも弾んだが、また途中で寝てしまった。空港で二人とハグをし、近い再会を約束した。この約二ヶ月後に、再びこの地へ戻る事になるが、それが思いもよらぬ珍道中となり、さらには平和な町カラマズーで前代未聞の惨劇が起こるという話は、また別のお話で。

25　夫婦善哉

父は亭主関白を地でいく人だった。母はそれに対して甲斐甲斐しい人だったが、少し抜けたところがあって、よくヘマをしては父に怒られていた。優しい母が父に怒鳴られ泣くのを見ると、父に対して心のなかで激しく抗議をしたが、実際は恐ろしくて何もできなかった。

電気工事の仕事をしていた父は、日勤もあれば夜勤もあり、不規則な時間で働いていた。勤務時間は長く、土日もあまり関係のない仕事だったが、休みの日は夜遅くまで机に向かって書物を開いて勉強をしていた。電気工事の資格を取るためだったそうだが、その様子はどこか父が立派に見えたので、あまり見ないようにしていた。

父には顔を合わせれば何かにつけ怒られ、いちゃもんをつけられる事ばかりで、褒められた記憶はほとんどない。理不尽な理由で怒られる事もあり、腹の底が煮える事もあったが、歯向かえば制裁が加えられるので、結局泣き寝入りし、いつか大きくなったら仕返ししてやると奥歯を嚙んだ。ただ、そんな不満を母にこぼすと、

「そんなん言いなや」

とたしなめられるばかりで、思えば母が父の文句を言うのをほとんど聞いた事はなか

った。

高校に入りラグビーを始め、父よりも身体が大きくなった頃、ふと感じたのは切ないような寂しいような、不思議な感覚だった。

＊

帰国後はありがたい事に仕事が忙しかったのだが、その合間に、粉末ポカリスエットや本、あとは八〇年代ロックを入れたMP3プレイヤーを兄に送ったり、彼の出国に必要な書類の準備、カラマズーの病院との電話でのやりとり、さらにそれを両親に説明、など面倒なことが多かった。

アメリカで過ごした数日は刺激に溢れていた。空の青さ、ジャンクフードの味、朝の空気、それに兄の友人たちの事を思い返すたびに、兄を迎えにというよりも、ただアメリカに行きたい、そう思うようになっていた。故に英語の勉強には渡米前よりも時間を割き、ウッディともテレビ電話をするようになった。兄の近況を知るためというより、英語力向上のためでもあったのだが、ウッディは快く引き受けてくれた上に、わざわざテレビ電話用に新しいウェブカメラまで購入して相手をしてくれた。

ちょうどその頃、とあるドラマの撮影現場で何度か共演している大先輩女優と久々にお会いした。彼女は二回り年長にもかかわらず、若々しく屈託がなくファンキーな人で、役者としても尊敬していた。撮影の合間に、聞き上手で話し上手な彼女とぺちゃくちゃとお喋りをしていると、いつの間にか人に話すつもりもなかった兄の話をしていた。彼女はその話に同情の色をみせたが、そのために英語の勉強をしているという話の方に強く食いついた。

「私も英語の勉強してるから一緒にやろうよ！」

彼女は春先からニューヨークに一ヶ月間滞在するので、そのために英語の勉強を続けているという。還暦を過ぎてもそれだけの行動力がある事に頭が下がったが、ふと気になった。

「旦那さんと行くんですか？」

「アイツは忙しいから、行かないよ。アイツの稼いだ金で行くけどね」

彼女の夫は、日本を代表するほどの俳優だが、そんな名優をアイツと呼んでゲラゲラと笑う彼女は見ていて気持ちが良かった。

二日後の昼、彼女が「毎日のように行ってる」と薦める下北沢の英会話カフェに行ってみた。店は喫茶店とも洋風居酒屋ともとれるような外観で、窓もないので中の様子は窺えなかった。店内では日本語を話してはいけないと聞いていたので、店の前で暫しうろうろしながら英語の挨拶を考えた後、木造の重い扉を開けると、薄暗い店内の奥の方でテーブルを囲む六人の男女がいっせいにこちらを見た。その中に彼女もいた。

「マイフレンド！　マイフレンド！」

　彼女は、店内が一気に明るくなるような声をあげ、少ない語彙で一生懸命に他の面々に紹介をしてくれた。尊敬する大大先輩に「マイフレンド」と言われた事も嬉しかったが、

「ヒー　イズ　グッドアクター！」

　そう付け加えられ、思わずにやついた。

　彼女の紹介を受け、ルークと名乗る厳しそうにも優しそうにも見える英国人が丁寧に店のシステムなどを教えてくれた。それはシンプルで、五分毎に席替えをして、相手を替えながら英語で会話するだけだった。そこには英語に堪能な人もそうでない人もいたが、何より三十分五百円ワンドリンク付きという破格の料金だったので、その日から頻繁に通うようになった。

　大学受験の時以上に英語漬けの日々を送り、おかげで英語が少しずつ上達していくことに充実感があった。事実、ウッディとのテレビ電話も随分円滑なものになった。だが電話でのカラマズーの病院とのやりとりは、まだまだ通訳頼りだった。そんな病院から

ある日、兄の容態が急変したと報された。脳の血管からまたも出血し、カラマズーではその手術ができないために、同じミシガンのアナーバーという街にある大病院にヘリコプターで緊急搬送されたのだ。幸い、手術は無事に成功したが、帰国までまた少し時間がかかるだろうと告げられた。金銭的な不安が頭をよぎったが、考えないようにした。

ある日、英会話カフェの帰り、大先輩女優とちょっとお茶でもしようと喫茶店に入った。取り留めもない話を経て、彼女は熱っぽくニューヨークについて語り始めた。そもそもニューヨークという街に憧れはあったので、ニューヨークに行ったら、どこそこへ行って、あれやこれやをするんだ、といった話を聞いているうちに、自然とこぼれた。

「いいなぁ、行きたいなぁ」

「行けばいいじゃん」

いやいや、確かにアメリカにはもう一度行かなければならないけど、行くのはニューヨークから遠く離れたミシガンだし、そもそも遊びに行く訳ではない、と答えるよりも先に彼女は言った。

「アメリカなんて狭いんだから」

アメリカは広い。

「飛行機乗ったらすぐだよ、すぐ」

そう言われると、確かにその通りではある。

「アメリカ行くのにNY行かなきゃもったいないよ」

「ですよね」

兄のために高い金を払い、時間を割いてまでアメリカに行くのなら、NYにちょっと寄ってもバチは当たらないんじゃないかという考えが湧いた。ただ、兄を迎えに行く日もわからず、そこにNY観光を組み込めるほどの休みがあるのかと考えると、あまり現実的ではなかった。

新年早々にアナーバーの病院から、数回の手術を経て兄の容態が安定したこと、一ヶ月もすれば飛行機に乗って日本に帰れる、といった旨の報告を受けた。事務所にスケジュールを確認すると、二月の半ばからならば十日ほど空いており、仕事が入る可能性はあるが、事情をよく知るマネージャーは、その十日間は仕事を入れないと言ってくれた。それを妻に伝えると、なかなか行けないんだから行けるだけ行っておいでと理解を得られた。思い切って、ついでにNYにも行っていいかと尋ねると、少し考えてから、せっかくだし、と了承してくれたが、

「無駄遣いしないならね」

と条件をつけられた。

二月。年が明けてからしばらく足が遠のいていた英会話カフェに行った。大先輩女優にNYに行くことにしたと伝えたかったのだが、彼女の姿はなかった。ルークや馴染みの面々に遅めの新年の挨拶をして、空いている席につくと、カランコロンカランと扉が鳴った。

「はろー」と言いながら恐る恐る入ってきたのは、白の混じった無精髭に、ニット帽を被った、ご近所さん風な初老の男性だったが、ルークに促されて対面に座った彼の顔を見てぎょっとした。

その人は大先輩女優の夫で、日本を代表する俳優であり、尊敬する役者であり、上京して唯一オーディションを受けた劇団の代表でもあった。所在なげに座る彼は、どう見ても英語ができるようには見えず、そして目の前に座る男が同業者である事も知らないように見えた。彼は覚えていないだろうが、実は数年前にドラマの撮影現場で挨拶だけした事はあったので、それをなんとかわかりやすい英語で伝えたが、

「あ……え？」

と彼はまるで宇宙の言葉でも聞いたような表情を見せるだけだった。ほぼ初対面の大御所と、日本語の使えない英会話カフェで向かい合っている状況に、毛穴が広がり汗が吹き出した。もういっそ日本語で挨拶をしようかと思ったところで、扉の鐘が鳴り響い

た。彼の妻が来た。

「あー！　いたー！」

彼女は、やや怒気を含んだように言って、夫の隣に座り、彼を指して大きな声で、

「My fu●kin' husband！」

と紹介してくれたが、

「No！」

とルークにたしなめられ、彼女は、それになぜか夫も、

「そーりー」

と揃ってぺこりと頭を下げた。

彼女の英語での説明によると、待ち合わせの時間を夫が間違って待ちぼうけを食らったとかそんな話だった。意味が伝わっているのかいないのかはわからないが、大御所は申し訳なさそうにそれを聞いていた。夫婦のその様はとても滑稽で、愛らしく、羨ましくすらあった。

一週間後の渡米の日。早朝にもかかわらず妻と四歳の娘が見送ってくれた。妻はくれぐれも事故のないように、そしてとにかく無駄遣いをしないようにとクレジットカードを持たせてくれた。その日は奇しくもバレンタインデーだったが、帰国後すぐに四年に

一度の結婚記念日が訪れるので、チョコはその時ね、と笑顔を見せた。しかし、ついつい浮かれたアメリカ滞在中、普段持たないクレジットカードのせいもあり、湯水の如く浪費して、帰国後妻から三下り半を突きつけられるというのは、また別のお話で。

26 お家へ帰ろう

兄は三つ年上で、同じ部屋で育ち、互いに否定し合うような煩わしい存在だったが、兄弟とはそういうものだと思っていた。いつからか兄に対して無関心になっていたので、彼がどういう人間かはよく知らない。

肯定的な思い出は、全くないわけでもない。小学校二年のとき、台所で火遊びをしていたら、火が燃え移って背丈よりも大きな火炎が立ち上り、狼狽えているところを兄に見つかった。これが父の知る所となるとこの世の終わり、とばかりに泣きじゃくったが、兄は素早く火を消して、燃えカスや壁についた煤などをキレイに掃除してくれた上に、親には内緒にしてくれた。

兄は中学に入ると、悪友から仕入れた下品な知識を分けてくれて、男はみんな助平であるということを教わった。その知識のおかげで、転校したばかりの小学校では一目おかれる存在となったが、中学に入って学年一の美少女に、

「男は助平な事しか考えてないんやで」

と兄からの受け売りを披露したところ、その発言が硬派な男子不良グループの知る所となった。彼らの怒りを買い袋叩きにされるところだったが、その呼び出しの電話を兄

が取り、

「代わりに俺が行く」

と言った事で難を逃れた。後日不良グループの一人から聞いてそれを知るに及んだのだが、その時にしても、火遊びの時にしても、兄には感謝の言葉を伝えなかった。なんだか兄に大きな借りを作ってしまったようで、気まずかったのかもしれない。

十九歳の時に大地震が我が家を襲った。ライフラインは全て止まり、二週間ほど不自由な生活を余儀なくされたが、幸か不幸かバイク事故で大阪の病院に入院していた兄は、珍しく家族で支え合った日々に家にはいなかった。

兄は外国語大学のロシア語学科を卒業して、二年バイトした後、アメリカへと永い留学をする。その頃は、長男のくせに無責任だ、などと思う事もなく、ロシア語を勉強したのにどうしてアメリカに行くのだろう、と思うくらいで、彼がどこで何をしようがやはり関心はなかった。

＊

一度目と比べて二度目の渡米は、周到に計画を練って臨んだ事もあって、幾分か余裕があった、いや、ありすぎたかもしれない。しかも憧れのニューヨークに三泊するとあって、本来の目的を忘れんばかりに浮かれていた。

成田にも余裕をもって着いたので、一度目と同じ寿司屋に入り、日本との暫しの別れを惜しみつつ、より高いネタを肴に徳利を数本空けて、気分よく機内へ乗り込んだ。ほろ酔いでニューヨークを想うとさらに気分は浮かれたが、機内サービスの赤ワインのミニボトルを二本空けたあたりで異変が起きた。突如、脳味噌がぎゅっと締め付けられ、内臓が下から迫(せ)り上がってくるような、それまで感じた事のない不快感を覚え、さらに身体から血の気が引いていくのがわかった。反射的に立ち上がり、ぐにゃりと歪んだ視界に足元もおぼつかないまま、幸いにも近くにあったトイレに駆け込み、屏風式のドアを閉めようと手を伸ばしたところで、視野がどんどん狭まり、あっと言う間に全てが黒に塗りつぶされた。

生まれて初めて気を失った。その時間はほんの数分だったようだが、我に返ると、ガタイのいいブロンドのキャビンアテンダントの膝枕で、首の周りに冷たいおしぼりをいくつもあてがわれていた。朦朧とした意識のまま、

「I feel sick.」

と英語で言えた事に自分でも少し驚いた。彼女は、飲み過ぎとエコノミー症候群が一緒にきただけで、冷やしとけばすぐに回復するとニコリともせずに言った。実際すぐに立ち上がる事ができ自力で席に戻ったが、ひどく消耗を感じて着陸するまでずっと眠っ

ていた。経由地のトロント空港に到着した時は、楽しみにしていたハンバーガーも食べる気にならないほど気分が悪かったが、機を乗り継いでニューヨークの空港に降り立ち、憧れの地の空気を吸い込んだ途端に、停滞していた気分は一気に晴れた。空港内のFive Guysで本場のハンバーガーを堪能した。

空港からホテルまではUberで十五分ほどの距離だったが、車窓を流れる、映画やミュージックビデオで観たそのままの景色に感動が込み上げてきて、すこし泣いた。

ホテルはマンハッタンのミッドタウンにあり素晴らしいロケーションに位置していたが、一泊五十ドルちょっとの、NYにしては安いホテルだった。シャワーとトイレは共同だったが、三畳ほどの客室の大半を占めるベッドは快適だった。

仮眠をとってホテルを出ると、日は傾き、冷たい空気がピリピリと顔を刺した。その日は、NYが産んだヒップホップの大スターとR&Bの大スターの競演という、日本では考えられないような豪華なライブを観るために会場のあるブルックリンまで地下鉄に乗った。治安が悪いと聞いていたNYの地下鉄は、なんら危険もなかったが、緊張感はあった。

駅を出てすぐにある、二万人をも収容できる大会場にはすでに多くの観客が詰めかけていた。きっとガラの悪いブラザーたちが群がっているだろうと覚悟していたが、皆シックな大人のファッションで、その殆どがカップルだった。本場ではそういうものなのかと思いながらも会場に入り、飾り付けを見てその日が日本を発った日と同じバレンタインデーだとようやく気がついた。

ライブは盛り上がりに上がり、一杯千円近くもするビールをガブガブ飲み、大いに楽しんだ。ライブ後半、周りのカップルが寄り添い体を揺らす中、ひとり淋しく極上のバラードを聴いていると、強い孤独を感じ、さらにビールを呷った。

会場を出ると時刻は一時を過ぎていた。酔って気持ちが大きくなってはいたが、深夜の地下鉄に乗るのは少し怖かったので、Uberを呼んでホテルまで帰った。

翌日は、とある撮影現場で知り合った映画オタクのニューヨーカー・Y氏と朝から待ち合わせして、彼がかつて働いていたアメリカ自然史博物館で特別に休館日のバックヤードを見せてもらう予定だったのだが、目が覚めて時計を見ると、一時を過ぎていた。急ぎ電話をして詫びると、時差のせいだから仕方がないと笑って許してくれた。

晴天に恵まれた三日目は、女優のA子ちゃんと会う約束をしていた。彼女は語学留学中に現地で出会った、ウォール街に勤めるニューヨーカーと結婚したばかりだった。元モデルでもある彼女は、新婚の幸福感からか以前よりさらに美しく見えた。そんな彼女にブルックリンを案内してもらい、レコード屋や古着屋を巡り、食べ歩きをした。晴天の下、美人と一緒にいるからか、ブルックリンの雰囲気に飲まれたからか、余計なものまで買ってしまい、ついつい昼からビールを呷った。

夜は彼女の夫と合流して三人で食事をした。その彼が、文句のつけようのない程の好漢で、二人を見ているだけで幸せな気分になった。しかも二人とも酒豪だったので、余計に酒が進み、すっかり酔っぱらい、帰りはホテルの近くまでタクシーで送ってもらった。NY最後の夜をもう少し楽しみたかったが、明朝のフライトに寝坊してはいけないからと諭されて泣く泣く別れた。だがやはりこのまま寝てしまうのは勿体無いと、ひとり近くのバーに入った。

広い店内はほとんど客がおらず、初めのうちは雰囲気をつまみにバーボンを飲んだが、そのうち無性に寂しくなり、妻に電話した。だが何を話したのかはほとんど覚えていないし、その店からホテルまでどう帰ったのかも覚えていない。気がつくとホテルのベッドだった。窓から差し込む朝の陽の光は爽やかだったが、時刻は八時半。デトロイト行きの便の出発時刻は過ぎていた。

二日酔いというよりもほぼ酔っぱらった状態で大急ぎで荷造りをしてチェックアウトをしてタクシーに飛び乗り、車内で航空会社に電話したが、音声ガイダンスに悪戦苦闘しているうちに空港に着いた。航空会社のカウンターに駆け寄り事情を説明すると、係の男性はチケットを見ただけで全てを理解したかのように、チケットに何かを書き込んで、追い払うように、二時間後に所定のゲートに行けと雑に説明された。
ようやく一息つき、時間に余裕があるとわかったので、Five Guys に入り、ふたたび本場のハンバーガーを噛みしめながら、短かったNY滞在を振り返ると、ブルックリンで服やレコードを買った事を思い出し、そしてそれが荷造りする時になかった事に気がついた。焦り荷物を開けて確認したがやはりなく、ホテルに電話しても見つからなかった。きっと最後に入ったバーに忘れたのだろうが、その店がどこだったかは思い出せなかった。

さらに、指示されたゲートが間違っていて、気づいた時には機は飛び立った後、それからは横柄(おうへい)な係員たちに空港内をたらい回しにされ、結局四時間以上も待つ事になったが、なんとかデトロイト行きの便に乗る事ができた。離陸後、二日酔いでぼうっとしながら眼下に広がるNYの街並みを眺め、改めて感慨に耽りつつ、日本に帰るまでは酒を飲まないと決意した。

当初の予定では、明るいうちに病院に顔を出すつもりだったが、デトロイト空港に着いたのは夜の七時過ぎだったので、アナーバーの市街地外れにある宿に Uber で向かった。ハイウェイの路肩に降り積もった雪と濃い夜空のモノトーンの風景はやはり退屈で、そのうち眠ってしまった。

運転手に起こされ、車外を見ると、真っ暗だった。目を凝らすと少し先に二階建ての家屋が見えた。その日の宿は、ホテルではなく、当時浸透し始めていたAirbnbというアプリで探した民泊、つまり人の家で、一泊二千円ほどの破格の値段と、写真で見ると、部屋主がちょっときれいな女性だったので、中心地から離れたその宿に決めたのだ。彼女の部屋は二階で、外出して帰りが遅くなるが、鍵は開けてあるので勝手に入って、リビングのベッドを使うようにと連絡が入っていた。大きなトランクを担いで、足音の響く鉄の外階段をそろりそろりとあがり、人気のない部屋のドアをゆっくりと開ける様はコソ泥のようだった。中に入り電気をつけると、さほど広くないリビングルームのソファベッドに、清潔そうな枕と掛け布団が置いてあった。その部屋には一泊だけの予定だったし、女性の部屋をあちこち見るのも憚られたので、荷も解かずに電気を消してベッドへと入った。

数時間経って、浅い眠りにいた時に、外階段を上がる足音が聞こえた。足音はドアを開け部屋へと入ってきた。部屋主の女性が帰ってきたようだった。寝たフリをしてやり過ごそうかとも思ったが、挨拶くらいはしておこうと、体を起こすと、そこには女性が二人立っていた。一方の部屋主らしき女性が、「起こしてごめんなさい」と言ってから、もう一方をルームメイトだと紹介してくれたが、二人はどう見てもカップルだった。寝ぼけたフリをして、軽く挨拶を返してベッドに潜ると、二人は冷蔵庫から何かを取り出していちゃいちゃと話しながら隣室へと入った。壁一枚隔てた向こうから、二人が小声でなにやら話す声が妙に気になってすっかり目が覚めたが、暫くしてその声がピタリと止むと、余計に気になってしまい、寝たような寝ていないような夜を過ごした。

翌朝十時、携帯電話のアラームが小さく鳴動して目が覚めた。隣室からは物音一つ聞こえなかったので、邪魔しては悪いと思い挨拶もせず、来た時と同じように部屋を後にした。空は薄曇りだったが、辺りは眩しいばかりの銀世界だった。外階段をそっと降りて、近くの車道まで出て、もう近くまで来ているというウッディの車を待った。

十分も待たずして現れたウッディと、暫くぶりの再会を喜び合い、NYで買った『子連れ狼』の英語版のコミックをプレゼントした。

アナーバーの市街地はカラマズーよりも整備がされており、どこかヨーロッパの街並みを思わせた。この街の象徴でもあるミシガン大学の巨大キャンパス群の一角にある大学病院に兄は入院していた。カラマズーよりもさらに大きく複雑な構造の院内を、ウッディと少し迷いながらナースステーションに行き、日本から連絡を取り合っていた看護師とソーシャルワーカーに挨拶をし、土産のチョコ菓子などを手渡してから兄の病室へと向かった。

以前より少し狭くなった病室に、兄は以前と同じように力なく天井を見つめてベッドに横たわっていた。ウッディやジョンから、リハビリがハードな事と、カラマズーを離れた事もあってか元気がない、といった話は聞いていたが、確かに目の前の兄は、少し萎(しぼ)んだように見えた。

声をかけると兄は、嬉しいのか悲しいのかよくわからないように顔を歪めて言った。

「いつ帰れる?」

諸手続きにもう少し時間もかかるし、これからカラマズーに戻ってやらなければならない事もあるので、帰国は七日後になると伝えると、彼は、早く帰りたい、リハビリは地獄だ、看護師は悪魔だ、と訴えた。それをなだめて、日本から持ってきたポカリスエットを差し出すと、特に喜びもしないどころか、あれが欲しいこれが欲しいとわがままを言い出した。苦しい事は頭ではわかるのだが、兄のそんな様を見ると腹が立ってきて、溜息が出た。ウッディはそんな気持ちを知ってか知らずか、悲しい顔をしていた。

兄には、数日後にまた来ると伝えて病院を後にしたが、それまで浮かれていた気分は一気に重くなった、と同時に空腹を覚えたので、飯を食おうと提案すると、ウッディは、オバマ大統領も愛したというサンドウィッチ屋に連れていってくれた。アットホームながら洒落た店内に席をとった。サンドウィッチの値段は良心的とは言えなかったが、かぶり付くと、よく焼かれたバンズの食感と、口のなかに広がる新鮮な野菜と程良い塩気のコンビーフが噛むほどに旨味を出し、目玉が飛び出るくらいに美味かった。食べ終わる頃には沈んだ気分がすっかり晴れていた。

カラマズーではウッディの部屋に三泊する事になっていた。その間に、ウッディとジョン、ゲイルにも手伝ってもらい、兄の家の転居手続き、家財道具や車の処分、その他面倒な書類の手続き等、さらに未払いだったバイト代の徴収や、お世話になった人たちへの挨拶へも行った。その先々で会う人々は皆、心から兄の身の上を案じ、ある人は涙を流し、ある人は強くハグし、ある人は寄せ書きやカンパをくれた。彼らは口を揃えて兄を褒めちぎり、回復を心から願っていた。彼らの知っている兄も、弟が知る人とは別人のようだった。

ひとつ残念だったのは、兄を救ったバグレディとはついに会えなかった事で、ウッディは八方手を尽くして探してくれたそうだが、行方は全く摑めなかったそうだ。もしかしたらもうこの街にはいないのかもしれないと彼は言った。

カラマズーでの滞在は忙しくも楽しいものだった。そのほとんどはウッディと一緒で、ある晩は一緒に『子連れ狼』を観たり、ある晩は彼の恋愛相談を夜更けまで聞いた。近所に住む音楽家の女性に二年近くも想いを寄せているが、気持ちを伝えた事がないと言う彼に、学生時代に十四人に告白してフラれたという武勇伝を披露すると、彼は勇気が出た、と笑っただけだった。

カラマズーでの最後の一日、天候は優れなかったが、観光もするべきだと言うウッディとゲイルと共にミシガン湖に行った。その日の湖は悪天候で雪が横から激しく降りつけていた。荒々しい波と、ぶつかり合う流氷の度肝が抜かれるほどの大迫力は、生命の危険を感じるほどだった。琵琶湖どころか日本海以上の大自然のスケールに心が震え、暫く言葉もなく立ち尽くした。

カラマズーに戻り、ゲイルを家まで送った。彼は仕事があるからアナーバーとデトロイト空港にはどうしても行けないと、早口で聞き取りづらい英語で言うので、何度か聞き返したりウッディに通訳してもらいながら別れを惜しんだ。それからゲイルは、友人一同から兄への感謝のしるしだとAppleの白い紙袋を差し出した。中には新品のiPadが入っていた。

ゲイルと別れた後は、ウッディの友人の家に集まってピザを食いながらプロレスを観た。四十代前後の男女が集まって小学生のように声を上げながらテレビでプロレスを観る光景は滑稽だったが、一緒になって楽しんだ。ところが暫くすると、英語で考えて英語で話す事にひどく疲れを感じるようになった。それは脳味噌の半分が固くなってしまったような感覚で、次第に口数が減り、ただ愛想笑いばかりしていた。

友人宅を出た頃は夜の十二時を過ぎていた。終始興奮してプロレス観戦していたウッディは上機嫌で車を走らせていたが、信号待ちで携帯電話を確認した彼の顔色は途端に変わり絶句した。問いかけると、彼は言葉に詰まりながら話しだした。

その日の夕方、カラマズー市内を走るUberのドライバーが、住宅や車の販売店、レストランの駐車場などで拳銃で次々と人を撃ち、六人が亡くなり、二人が重傷を負った。ドライバーは前科もない、四十代の妻子持ちの男性で、数人を撃ったあと、何もなかったかのように客を乗せ、その客を降ろしてから再び凶行に走ったという。しかも現場となったレストランはウッディの家の近くだった。

この凄惨なニュースは世界中で大きく報じられた。アメリカに来てから何の不安もなくUberを利用していた事、歩いてすぐの場所で拳銃で人が殺された事はもちろん恐ろしかったが、どこか現実離れもしていた。

部屋に帰っても、ウッディは大きなショックを受け、落ち込み、口数が少なかった。カラマズー最後の夜は暗く静かに更けていった。

翌朝、荷造りをしてからウッディにナスとベーコンのスパゲティを作った。ウッディは旨い旨いともりもり食べてくれて少しは元気を取り戻したようだったが、アナーバーへと向かう車中、前日よりもずっと少ない人通りに、街が深い悲しみに包まれていると彼は低く呟いた。

そのまま一緒に兄を見舞った。病室に入ると、兄は二人の女性の看護師に抑え込まれて悶え呻いていた。それが兄の言う地獄のリハビリで、ベッドの上で手や足の関節を動かしてもらっているのだが、彼が悪魔と呼ぶ看護師たちの処置は、そこまで強引には見えなかった。だが兄は、大袈裟なほどに苦痛を訴え、力なく抵抗しながら、こちらに気付くと、

「助けて、殺される」

と聞き取りにくい日本語でか細く叫んだ。

屈強だった兄が、小さく萎んだ顔と体を歪ませながら弱々しく苦しんでいる姿は見るに堪えず、日本に帰ってからの事を考えて目を背けた。ウッディはそんな兄を一生懸命応援していた。

リハビリを終えて、ウッディが前夜のカラマズーでの事件を兄に話した。兄は疲れ切っていたのか、ウッディの話を、表情も変えずに聞いていた。

病室を後にして、ウッディを車まで見送りにいくと、アナーバーにはいいレコード屋があるから一緒に行こうと誘われた。正直あまり気乗りしなかったが、また病室に戻る気にもなれなかった。

店の前に車をつけ、ガラス張りの店内を窺うと、びっしりと並ぶレコードに少し心が躍った。棚にパンパンに詰まったレコードは、ジャンルと値段別に分けられていたので、ジャズとソウルの棚の安い方からウッディと並んで掘り進めた。殆どが状態のよくないブート盤ばかりだったが、その中に見覚えのあるレコードがあった。それはビル・エヴァンスの非正規のベスト盤のようなアルバムで、兄がアメリカへ渡航してしばらくした頃《ジャズ好きやろ》とメッセージ付きで送ってくれた数枚のレコードのうちの一枚だった。だが音質も状態も悪かったので、一度針を落としただけで、その後上京する時に処分してしまった。

別れ際、車を降りて荷物を下ろしてくれるウッディに感謝の気持ちだと、こっそり買っておいた目ぼしいレコード三枚をプレゼントすると、彼は飛び上がって喜んでくれたので、こっちまで嬉しくなった。

帰国まで残り二泊。その日はまたAirbnbを利用した。部屋は病院から車で五分ほどの場所にある団地の一階で、ホストはミシガン大の学生だった。彼は休暇を利用してシカゴに行っていて、帰るのは翌日になるので、鍵の隠し場所についていてと、何でも遠慮なく使っていいというメッセージをもらっていた。

学生の一人暮らしにしてはきれいに整頓されている部屋で、ぴしっとシーツのしかれたベッドに遠慮なく飛び込んだ。ウッディの部屋では犬の毛まみれのソファで寝ていたので、久しぶりの清潔なベッドに体はそのまま溶けて沈んだ。

目が覚めると日没前だったが、窓の外はどんよりと暗く、雪が降っていた。何か食べに行こうかと思ったが、英語脳が疲れ切って人と話す気にもなれなかったし、体はベッドに沈んだままだった。雪が全ての音を吸いとったような静かな部屋で、ただぼうっと天井を見ていると、いつの間にか時刻は八時になろうとしていた。いよいよ腹も減ったので、近くの商店で食材を買って自炊をしようと台所を確認したが、コップが三つと錆びた鍋が一つあるだけだったので、市街地に食べに出ることにした。雪が降っていたが、さすがにUber は呼ぶ気にならなかったので、暗い夜道をとぼとぼと三十分近く歩いた。

街に着き、さほど迷う事なく入った店はスポーツバーのようだったが、明るく広い店内に客はほとんどおらず、案内されるまま六人がけの席につき、ハンバーガーとフライドチキンを注文した。待つ間、カウンターに設置された何種類ものビアサーバーを、誘惑と闘いながら見つめていると、ウェイターが勝手におすすめのクラフトビールを紹介し出して、断りづらくなったので渋々一杯注文した。鬱屈した気分を晴らすため、などと自分で思いながら、思った以上にでかいジョッキを傾ける。美味い。頭がびりびりするほど美味い。フライドチキンを持ってきたウェイターに「美味い」と親指を立てておかわりを頼み、バーガーとチキンにかぶりついた。美味い。その感動を日本語でぶつぶつと独りごちながら次々とジョッキを空け、ひとり楽しく酔っ払った。気分がすっかり良くなったので、帰りはUberを呼んだ。

朝起きると外は吹雪いていた。携帯を確認すると、シカゴに行っているホストの学生から、大雪でバスが欠航になり帰れないから無償でもう一泊してもよいとメッセージが届いていた。アメリカ最後の夜くらいは兄の病室に泊まろうかと思っていたが、寝心地の良いベッドには代えられず、お言葉に甘える事にした。

正午ちょうどに日本領事館の山本さんとトムが団地の入り口まで車で迎えに来てくれ、ともに病院へと向かった。山本さんは、兄の出国に関する手続きだけではなく、見舞いや病院側との治療費についての交渉など、とても親身になってくれた。

病院に着いてソーシャルワーカーと面談し、いくつかの書類にサインして、兄を日本に連れて帰るための手続きは概ね完了した。ビザが切れていた事は不問となり、パスポートも出国に限ったものを発行してもらった。最大の懸案だった入院費用等の金銭的な問題は、山本さんとソーシャルワーカーの尽力で、全て無料になった。概算では一生かかっても払い切れないほどの金額になり、できる限り安くしてもらいたいと願っていたが、全額無料となるとは、と思わず大きな声が出た。アメリカだかミシガン州だか病院だかに低所得者を救済するようなプログラムがあり、それが適用されたらしいが、前にも聞いたその説明は、無料になった喜びが大きくてあまり頭に入ってこなかった。おまけに、兄の付き添いの看護師二人の往復の飛行機代も病院が負担してくれるとのことだった。ただ、兄の航空券代は当然自己負担で、シートをフルフラットにできる高額なビジネスクラスを予約する必要があった。

ソーシャルワーカーに厚く礼を言った後、山本さんとトムとともに病院内の食堂に行き軽食をとった。ようやく落着し、肩が急に軽くなったような気分だった。山本さんも身内のように喜んでくれた。そんな彼に、改めて深く感謝を伝えた。

「今回ほぼ全てがうまくいったのは、お兄さんの人柄に依るところもありますよ」

山本さんはそう言って、兄の友人たちが惜しまず協力してくれた事を教えてくれた。

食事を終えて、山本さんがトイレへ立つ間、トムと二人きりになった。彼はいつも山本さんの傍らで静かに控えている印象で、あまり話をしたこともなかった。無言が続き、少し気まずい空気になりかけたところでトムが神妙な面持ちで口を開いた。

「あの、日本で俳優やっているんですか？」

「あ、はい」

「あの怪獣映画に出ているって本当ですか？」

「あ……はい」

「WOW!!!」

トムは破顔して奇声を上げると突如ジャケットを脱ぎ、ネクタイを解き、ワイシャツを乱暴に脱ぎ捨てて、肌着の袖を捲(まく)った。

『伊福部昭』

彼の上腕部には、日本映画音楽の大家の名前がくっきりと彫られていた。

事態が深刻なのでずっと聞くのを我慢していたと前置きをしてから、トムは堰を切ったように、怪獣映画と伊福部昭への尊敬と情熱を流暢な日本語で喋りだした。成城の伊福部昭の家を訪ねて本人とも会ったことがあるだとか、宝田明に会ったことがあるだとか、日本の怪獣映画はほとんど観ているだとか。そして新作はどうだとか、撮影はどうだったか、宝田明は出演しているか、など矢継ぎ早に質問を吐き出した。その勢いに圧倒され、日本に帰ったら映画のポスターを監督のサイン入りで送ると約束すると、トムは英語で喜びを爆発させた。トイレから戻った山本さんにたしなめられても、以前の形態のトムには戻らなかった。

駐車場まで降りて、山本さんと、まだ興奮冷めやらぬトムを見送った。見上げれば前夜の大雪が嘘のように青空が広がって清々しかったので、アナーバーの街を歩くことにした。大学のキャンパス、本屋、玩具屋、チェリーパイの店など土産を買いながら覗いて回った。学生の街だけあって、若い人が多く、天気が良いので活気もあり、歩いていて楽しかった。途中、ラーメン屋を見つけた。美味いわけがないとは思ったが、どうしてもラーメンが食べたくなり店に入った。意外な事に思っていたよりも不味くはなかったが、べらぼうな値段だったので、後味は悪かった。

翌朝、早くに起きて、荷物をまとめ、部屋の掃除をした。大荷物だったが、兄が病院を出る昼過ぎまで時間は有り余るほどあったし、天気も良かったので病院まで歩いた。病室に入ると兄は眠っていたので、起こさないように荷物を置いて病院内のカフェで朝食をとってから、院内をうろうろしたりして時間を潰したが、潰しきれなかったので病室に戻った。

兄は起きていた。テレビはついていたが、天井を見つめていた。

「おはよう」

こちらに気づいた兄は、優しい声で言った。再会してからの兄の口調はいつも優しかった。日本にいた時は無愛想でぶっきらぼうだったので、その口調には最後まで慣れなかった。

「やっと帰れるで」

「……うん」

硬い表情で応えた兄は、どこか緊張しているように見えた。

「どうしたん？」

「帰ったらお父さんに怒られるかな」

「怒らへんよ、帰ってくるの楽しみにしてるよ」

「ほんまに？」

「ほんま」

そんなやりとりをしばらくした。久しぶりの会話だったので、長年の疑問をぶつけてみた。

「なんでアメリカに来たん？」

応えるまで随分間があって、

「……なんでやろうな。なんかやりたい事みつかる思ったんやろな」

「……そっか」

やりたい事が見つかってやりたい事で飯が食えるようになったんやで、とはもちろん言えなかった。

そのまま長い沈黙がつづいた。

会話もないまま観るでもないテレビを観ていると、ウッディとゲイルが見送りにやってきた。二人は兄と強く再会を約束し、冗談を交えながら励ましたが、兄の表情は硬かった。二人に遅れること三十分ほどで、ワインショップの新装開店準備で忙しいジョンも見送りに駆けつけた。ジョンは先に来た二人と違い、兄の手を握り、少ない言葉で励まし勇気づけ、兄も無言でそれに応えているようだった。

しばらくして看護師たちが十人以上大挙して訪れた。彼女たちは皆明るく大きな声で兄に声をかけ、病室にはまるでパーティーのような明るい空気が満ちた。そうこうするうちに付き添いで日本に同行してくれる屈強な男性看護師が兄の迎えにやってきてパーティーは終わった。彼らは一足先に空港へ向かうべく、兄をストレッチャーに乗せて病室を後にした。友人たちと看護師たちは廊下に出て、まるで兄の応援団のように声を出して見送った。

廊下に静寂が戻ると、改めて看護師たちに感謝を伝えた。兄が悪魔と呼ぶ彼女らは、兄の身を案じ、回復を祈ってくれた。そして、兄のジョークは最高で看護師の間で人気者だったと口々に言った。また弟の知らない兄がいた。

駐車場に降り、仕事の為にカラマズーに戻るジョンとゲイルを見送った。ジョンは多くを語る人ではなかったが、事務所に連絡してくれたことに始まり、その他多くの事に時間を惜しまず行動してくれた。ゲイルは何を喋っているのかわからない事が多かったが、いくつもの資格をもつ彼は、事務的な手続きなどで尽力してくれた。兄に、そしてその弟にまでも家族のような情を注いでくれた二人の、人柄こそ違えど、強く優しい表情に別れが急に悲しくなって涙が溢れた。笑うジョンと強くハグをした。ウッディはそれにもらい泣きしていた。

二人と別れて、ウッディの車へと乗り込んだ。空港までの一時間の間、泣くのを我慢して口数が少なかった。涙もろいウッディも同様に見えた。

空港に着き、ウッディは手荷物検査場まで見送りにきてくれた。そこに至ってはもう言葉は必要なく、ただ抱き合い涙を流した。ウッディには感謝してもしきれないほど世話になったし、最も親交を深めた人でもあった。この旅のいつからかウッディとは互いにブラザーと呼び合うようになっていた。たしかに彼はそう呼ぶに相応しい男だった。ひとしきり泣いて、互いに名残を惜しみに惜しんで検査場へと入った。

出発ゲートには、山本さんとトムが待っていた。山本さんは兄と看護師たちの特別搭乗の手続きに立ち会い、兄は無事に搭乗したと教えてくれた。カラマズーの友人たち同様に世話になった二人と固い握手をして別れた。

「何か問題があれば遠慮なく連絡ください」

と山本さんは言い、

「映画の事、何か情報あったら教えてください」

とトムは言い、

「ポスター楽しみにしてます」

と彼は付け加えた。

機内へ入ると、ビジネスクラスの立派な個室のような座席に兄が横たわっていた。

「こんなええ席、高かったやろ」

確かに高かったが、半分は両親が負担してくれた事を伝えた上で、

「半分はそのうち返してや」

と皮肉と激励のつもりで言うと、

「難しいな」

兄は真顔でそう答えた。

滑走路から飛び上った機体が安定すると、それまで肩に乗っていたものがふっと軽くなり、少し優しい気持ちになって、出会った人たち、特にカラマズーの人々、兄の友人たちの事を思い返した。自慢でもなければ尊敬をするような兄でもなかったが、彼が素晴らしい人たちから慕われていた事だけは素直に評価できたし、兄のおかげで彼らと出会うことができた事に感謝した。旅を振り返って少しいい気分になり、その先の事は考えないようにしながら眠りについた。

何度も寝ては覚め寝ては覚めしながら、途中機内食で何かが違う日本食を食べた以外は飛行時間のほとんどを眠って過ごし、無事に日本に着いた。降り立ったのは中部国際空港で、そこから両親が住む滋賀県の病院まで救急車で兄を搬送する手はずになっていた。兄と看護師二人も滞りなく入国審査を通過し、救急車と両親の待つ空港の駐車場へと向かった。

「日本着いたで」

そう声をかけたが、兄からは返事はなかった。駐車場までの少し遠い道のりを看護師二人と名古屋の説明などをしながら歩いた。聞けば二人は二時間後のデトロイト行きの飛行機に乗って帰るので、観光は次の機会だと笑った。

渡り廊下を渡り、立体駐車場を一階まで降りると、エレベーターの脇に父と母が路傍の地蔵のように並んで立っていた。

「ただいま」

二人はストレッチャーに横たわる兄が視界に入ると放たれたように駆け寄った。母は予想した通り「あー」と泣き声を出しながら兄にすがりついたが、意外にもその横で父も泣いていた。顔をくしゃくしゃにして泣いていた。

片麻痺のせいでわかりにくかったが、兄も泣きながら、

「ごめんなさい」

と繰り返した。

母はむせび泣き、兄の名前と、「あー」とを何度も交互に連呼した。

父は涙を流しながら、

「よう帰ってきた、よう帰ってきた」

と兄の手を握った。

泣く父の姿を見て堪えきれなくなった。父が泣いているところも、こんな親子像を目の当たりにするのも初めてで、その様子に少し戸惑いながら泣いた。

日米の看護師たちが親子の再会に気を遣いながら兄を救急車へと運ぶと、父がこちらに向き直り涙を拭きながら、

「ありがとうな、ありがとうな」

と繰り返した。さらに兄が救急車に乗せられ、アメリカから来た二人の看護師に礼を言って書類にサインをしているところを見て、息子がアメリカ人と英語で話しているのが余程意外だったのか、驚いたような表情で、

「すごいな」

と褒められた。父の車に乗り滋賀の病院に向かう車中も、「ありがとうな」とか「すごいな」の連続だった。それまでの人生、母からはまだしも、父からは感謝される事も褒められる事もほとんどなかったのでむず痒かったが、すこし嬉しかった。

病院に着いた頃には、兄は泣き疲れたのか安心したのか、深く眠っていた。両親からは一生分の感謝をされた。兄の寝顔を見つめ続ける二人を見ると、兄はやはり家族の一員だったのだと、どこか他人事のように感じた。

煩雑な手続きを済ませて、両親に後を任せた。

「あとは知らんで」

と三割くらいの本心を混ぜた冗談を残して東京へと戻った。

家の玄関を開けると、娘が涙ながらに出迎えてくれた。妻も涙目で、無事に帰還したことを喜び、遠い地での労をねぎらってくれた。家の匂い、妻の匂い、娘の匂いを吸い込むと体から溶けるように力が抜けていき、その晩は泥のように眠った。

帰ってからは思っていたほどは忙しくもなかったが、アメリカでの散財が妻の逆鱗に触れた事で、居心地の悪い日々を送っていた。

兄の容態は母から事あるごとに報告があり、回復傾向にはあるが、脳と肝臓の状態は決して良くはないので手術を何度か受ける必要があるとの事だった。母はその報告のたびに孫にも会いたいと言い、少し機嫌の良くなった妻と娘も兄に会いたいと言うので、滋賀まで家族で見舞いに行った。

ちょうど食事をしていた兄は、帰国してから十日も経ってはいなかったが、ひと目でわかるほどに回復していて、顔や腕にも肉がつき、血行もよく、表情も豊かで声に張りがあった。アメリカにいるときには病院食にほとんど手を付けなかった兄が、別人のように飯を食っていた。

「よう食べるで」

ほとんど兄につきっきりだという母は言った。

「お母さんに甘えすぎや」

父はどこか不満をのぞかせながら言った。

「日本の米は美味しいな」

兄は笑顔で言った。

母に甘えて食事を旨そうに食べ、義理の兄として妻とにこやかに話し、伯父(おじ)さんらしく娘の相手をする、幸せそうな兄を見て苛立ちを感じた。その場に長くいたくはなくて、適当な言い訳を言って足早に帰った。

それから兄に会いに行くことはなかった。一度テレビ電話をしたような気もするが、あまり覚えていない。ただカラマズーの友人たちへは、兄の近況を送ったり、彼らからのメッセージを母づてに伝えたりはした。兄は数回の手術を受けながらも、気力と体力は取り戻しつつあったようだったが、リハビリには手こずっており、退院の目処(めど)は立たなかった。兄の先行きに関しては、何とかなるだろうと、考える事を避けたままに四ヶ月が経った。

その日は、大森駅前でドラマの撮影をしていた。太陽がギラギラ照りつける中、エアコンの効いたロケバスの中で待ち時間を過ごしていると、電話が震えた。発信者は父だった。車を降りて電話に応えると、父が無言だったので予感がし、暫くして話しだした父の震える声を聞いて確信した。

兄が死んだ。前夜、いつものようにごく普通に眠りにつき、兄は再び旅立ってしまった。

27　拾われた男

ひょっとすると物心のつく前からかもしれないが、兄に対してずっと競争心があった。兄が持っているものを欲しがったり、兄が食べているものを食べたがったり、兄より多く食べたがったり。兄よりいい学校に行きたかったり、兄より長くラグビーを続けたかったり。

弟ながらに、どうも兄のほうが両親から優遇されているような気がいつもしていた。怒られる頻度も兄に比べると高かったし、兄だけいい小学校を受験させてもらっていたし、中学も兄は私立を受験させてもらっていた。

「なんでお兄ちゃんだけ」

と訴えると、そのたび母は笑ってこう言った。

「あんたは、武庫川の河川敷で花見してる時に拾ってきた子やからな」

*

平成の終わりが近づき、時代の流れに逆らうでもなくそれなりに色んな事があった。

娘は小学生になり、妻は妊娠した。妹か弟が欲しいと切望していた娘にそれを伝えると、三十分以上泣き続けるほど喜んだが、その一週間後、娘は登校中にトラックにはねられ救急車で搬送された。幸い入院するほどではない怪我で済んだものの、妻はあまりにもショックを受け、お腹の子までどうにかなるのではないかと心配したが、翌年の一月にやたらと丈夫な男児を産んだ。

兄が死んでから父と母は気力を失うこともなく、苦しまずに眠るように逝った兄の死を受け入れたのか、はたまた新たな孫の誕生に色めきたったのか、歳の割にはよく食べよく太って健康に日々を送っているようだった。とは言え、二人が長男の死を忘れられるわけがないというのも同じ親として理解はできたので、兄の事はあまり話題に出さないようにしていた。ただそれは、両親のためを思っての事だけではなかった。

あの日、電話の向こうで声を震わせる父に、込み上げるものはあったが、兄の死が琴線に触れる事はなく、仕事を理由に葬儀へも行かなかった。兄に対しての感情には、その後なんら変化は起こる事なく、悲しいとも寂しいとも思えず、かといって忘れるわけでもなかったが、しばらく経ってふと思い出し、古いメールのアカウントから二十年近く眠っていた兄とのメールの履歴を掘り起こした。素っ気ない内容のメールだと記憶していたが、改めて読み返すと、兄からの文面は妙に優しく丁寧で、それに対する返事も冗談を交えた長文で、どこか他所の兄弟のやりとりのように見えた。しかも、祖母の危篤を報せるメールに返事がなかった事に対して怒りを込めて送ったつもりでいたメールも、怒気どころか気遣いのある文面だった。どこでどう記憶がねじ曲がったのかはわからないが、アメリカで兄と再会した時には、その怒りのメールのせいもあって勝手に気まずさを感じていた。もっと早くにこのメールを読み返していたら晩年の兄とのやりとりは違ったものとなったのではなかろうかと、後悔とも反省ともいえるような気持ちが心の片隅に小さく残ってはいたが、気になるほどのものでもなかった。

兄が死んで変わった事と言えば、英語の勉強をやめた事で、いつの間にやら学習意欲が失せ、それに伴い語学力も低下したので、それまで連絡を取り合っていたウッディやジョンたちとの連絡の頻度は減り、そのうち疎遠になった。英語を勉強してゆくゆくはハリウッドへ、と密かに目論んでいた計画は頓挫した。

時代は令和になり、ワールドカップの自国開催で日本中がラグビー熱に浮かされ、そこかしこで「ラグビー」という単語が聞けるという夢にも思わなかったような現象が起こり、そのおかげで念願のラグビードラマへの出演も叶った。それをきっかけとして神戸の某新聞社から取材の依頼がきた。内容は『ラグビーと私』的な取材に、W杯の観戦記を足したもので、話をくれたのは高校時代のラグビー部のひとつ上のキャプテンだった。先輩からの依頼だったからというよりは、なかなかチケットが手に入らないW杯の観戦に釣られて、二つ返事で引き受けて神戸へと飛んだ。

取材対象だからと敬語で話す先輩に違和感を覚えながらのインタビューと、思ってい た以上には盛り上がらなかった試合の観戦を終えて、地元甲子園に移動し、また別の先輩の経営するバーに集められたラグビー部の先輩と同級生と後輩たちと酒を酌み交わした。キャプテンも含め、彼らと会うのは卒業して以来だったが、優しく迎えてくれ、現役時代の話題に及んでも「上手かった」とか「いつも真面目に取り組んでた」などと当時の印象を語られた。だが実際は、選手としては下手くそで、下級生にレギュラーの座を奪われたし、そもそも当時は皆からぞんざいに扱われていたと記憶していたので、四十をすぎると思い出話なんて雑になるのだなと感じたが、悪い気はしなかった。その夜は遅くまで飲み、甲子園駅近くのホテルに泊まった。

翌日チェックアウト時間ちょっと過ぎにホテルを出て、少し離れていたが、友人家族が経営するうどん屋まで歩くことにした。高校の三年間ビールの売り子をして荒稼ぎをした甲子園球場の脇を通り、国道43号線を東に進むと、地震で崩れ落ちた阪神高速の橋桁は頑強かつ美しく復活し、排気ガスで白い服も黒くなると言われた国道沿いの空気も以前より澄んでいた。鳴尾(なるお)駅近くに差し掛かり、中学の時に通った学習塾を探したが影も形も残っていなかった。ただ当時、お年玉を全部持っていかれたパチンコ屋は、随分と様変わりしてはいたが、しぶとく営業していた。さらに東へ歩き、小曾根線の交差点を左に曲がり少し北に上がって東に折れた。レコードショップや百円ハンバーガーの店など、そこにあった思い出は残っておらず、小綺麗な家屋とマンションが建ち並ぶだけの旧国道をただ歩きうどん屋に着いた。

その店の娘だった友人とは中学の同級生で、彼女とは上の話から下の話まで何でも話し合える仲だったが、癌に冒され三十の若さでこの世を去った。

四十年近く営業するその店も、改装されて店構えはすっかり変わっていた。中に入ると、切り盛りする彼女の母親と妹が、ポカンと狐につままれたような顔をして立っていた。校内一の美少女と謳われた妹は四十を越えて尚可憐だったが、大きく笑った口に覗いた銀歯がほんのわずかに目に留まった。

うどんをすすりながら、

「テレビ観てるよ」

などといった話にこたえつつ店内を見回すと、そこにもかつての面影は残っておらず、以前より旨くなったうどんを汁まで飲み干して店を出た。

かなり歩いた割には物足りなさを感じながらも、他に寄りたい場所が思いつかなかったので東京に帰ることにして、旧国道から小道を南に折れ最寄りの武庫川駅へと向かった。あまり通った事のないはずのその小道に妙な懐かしさを感じながら歩を進め、阪神本線の線路の下の小さなトンネルに入ったところで、壁面の石垣にふと足が止まった。それは線路の土台として何十年も変わらずそこにあるただの古い石垣だった。立ち止まりそれを見ていると、涙が溢れ出てきた。

その道は、十一歳の夏休み、尼崎から西宮へ引っ越しをする直前に、親に内緒で鍵を持ち出し、新居まで三十分の道のりを兄の背中を追いながら自転車で競い通った道だった。ずっと競争ばかりしてきた兄の背中はもう見失ってしまった。

ひんやりとしたトンネルの暗がりで、石垣にもたれかかり、肩を震わせて泣いた。蘇った記憶に涙したのか、泣きながら思い出したのかははっきりしないが、響くほどに声を漏らして泣いた。

泣きに泣き、ひとしきり泣いてからトンネルを抜け、まばゆいばかりの晴天を仰ぐと、透き通るような青空が広がっていた。駅に着き、思ったほど変わっていない駅舎の階段を上がった。尼崎と西宮に跨（また）がって、川の上に架けられたホームから、以前と変わる事なく悠然と流れる、さほど綺麗でもない武庫川を見下ろして、

「あんたは、武庫川の河川敷で花見してる時に拾ってきた子やからな」

という母の言葉を思い出した。流されてきたのか、置いてあったのかは定かではない、

その時に拾われた赤ん坊が、なんとかかんとかここまで成長したのだなと思うと、締まりきらない涙腺からまた涙がこぼれたが、その数年後、拾われた男が世界をまたにかける俳優になるというのはまた別のお話で。

松尾くんの自伝に寄せる文

高橋一生

松尾くんと会ったのは２０１０年の冬だった。

二人でじゃれつくのが彼との最初のお芝居だった。

絡みはあまりなかった。

その後同じ映画に出させてもらったことはあったが、芝居の絡みは全くなかった。

再々度共演したのは２０１７年だったと思うが、その時もあまり絡みがなかった。

それなのに、仕事場でよく会っている様に思う。

同じ作品に参加している訳ではないのに、彼とはよく出会(でくわ)す。

つい最近も、撮影スタジオが隣で、顔を出してくれた彼とスタジオの外で話したが、

いつも彼とバッタリ仕事先で会う時は一緒の作品をやっているような身近さがあった。

と、改めて振り返っていってみると、彼とは殆ど芝居をした事がない。ことに今気づいた。

彼は僕の極端に数少ない同業の友人でもあって、普段から割とよく連絡を取る、よく

会う方の人間だ。

なので脳内では何度も一緒の作品に出ている様な気がしていたが、錯覚だった。

こうして思い返すと初めて彼と会った作品と、映画は全く絡んでいないのでノーカウントとして、7年後のドラマのその二度しか芝居という芝居をしていなかったことに少しびっくりしている。

前述の通り2010年以降、彼とは友人でもあるから定期的に会いはするが、もっと芝居をしている様に思っていた。

こうなってくるといよいよ松尾くんの自伝に寄せる文云々より、今、自分の記憶の曖昧さがちょっと怖くなっていると同時に興味がそっちに行きそうになってきていて、書き上げられるか不安になってきた。

が、構わず書き進めてみようと思う。

あと半分くらいが読みやすいだろうか。

なんとかやってみよう。

松尾くんに頼まれちゃったし。

『拾われた男』を読了した。

実は単行本になった時に、松尾くんから新刊を頂いてはいたのだが、その頃は何故かどうやっても活字が頭に入ってこない時期で読めなかったのと、確か文春文庫さんと当時僕が出演させて頂いていた映画のタイアップで、ある俳優さんと僕とで文春文庫さんの秋のキャンペーンだかなんだかで帯をやらせていただいているにも関わらず、同じ時期に週刊文春さんが、高橋一生は落ち目の俳優であるとの記事を書くという、週刊誌さんの僕に対するイメージ操作がとても残念な感じだったので、こちらの出版社関連のものは敬遠していて、そんなことが重なったタイミングということもあって、友人の彼の書いたものといえどもなかなか手が伸びなかった。

でも、松尾くんに頼まれちゃったから、今回、ササーッと読ませて頂いた。

今まで彼から断片的に聞いていた話が、やっと時系列と共に繋がって、個人的にすっきりした。

彼はきっと器用な人ではないので、僕に自分の事を話してくれる時、その自分に関わる誰かの話に脱線していくこともよくあって、松尾くん本人の話よりも、松尾くんに関わった誰かの印象しか残らないこともあった。

そういった、彼が僕にしてくれた少なくない話を読了後に思い出していくだけでも、彼が自分の周りの人間に生かされてきたことを常にどこかで感じていることと、その周りの人間への感謝が、今の彼を形作っているんだと思えて、なんというか、嬉しい気持ちになった。

本書のとある話の間に、今や松尾くんの奥さんである当時お付き合いしていた彼女を紹介してもらい、夏の洗足池公園にスイカを持ち込んでスイカ割りをしたんだと思うと感慨深いし、本書の話の後に松尾くんが僕の家に来て、終電で帰れなくなったと泊まっていく事になり、彼のいびきのうるささに僕は一睡も出来ないまま翌日の舞台の初日を迎えて、松尾くんが後日、反省文さながらのメールを送ってくれた話が入り込むのかと思うと、本書を純粋に読んでいる読者よりも少し得をしている気分になる。

文章になっていなくとも、彼と彼の物語の一部になれたことを嬉しく思っている自分が居るということは、僕は彼をとても好いているのだと思う。

自分の人生の物語を生きていると、当然ながら自分以外の人間を主観で見ていく事は難しいし、どれだけ寄り添っても、理解しようとしても、他者であることに違いはない。自身が主観で近しい誰かを見るときは、実像だけでは捕えきれないその人となりを想像力を駆使して見るのだろうが、近しい人でなければ、想像力を使うどころか憶測や又聞きでその人を見てしまったりもして、それは相当危険な人になってしまう。

その上、主観というのも曖昧で、あくまで主観が真実であるような体ではあるが、たとえその主観の持ち主である当の本人であっても、前述の僕の様に松尾くんとの芝居を何度もしたような記憶の改竄(かいざん)を自ら行なってしまったりもする。

ただ、僕の場合は、『拾われた男』を読んで、自分の記憶の曖昧さによる余白を、松尾くんが綴る物語で補完されたことも相まって、彼に出会うずっと前から、拾われた男は僕の友人だったのではないかと錯覚すらするほど、益々気を許してしまう人になってしまった。これはこれで危険かもしれない。

ドラマの方では僕本人の役としてオファーをしていただいたけれど、松尾くんごめん。お仕事が重なってしまって参加出来なかった。あと、そんなエピソードはこの本には書かれていないじゃないの。

また現場で会うだけでなく、お芝居が出来ます様に。

またお芝居だけでなく、僕を一睡もさせずに現場に送り出してくれますように。予想外なことに、初日のお芝居すこぶる調子良かったし。

２０２２年1月　拾われた男の友人の役者

このエッセイは史実をもとにしたフィクションです。

文春文庫

拾（ひろ）われた男（おとこ）

定価はカバーに表示してあります

2022年6月10日　第1刷

著　者　松尾（まつお）諭（さとる）

発行者　花田朋子

発行所　株式会社　文藝春秋

東京都千代田区紀尾井町 3-23　〒102-8008
TEL　03・3265・1211(代)
文藝春秋ホームページ　http://www.bunshun.co.jp
落丁、乱丁本は、お手数ですが小社製作部宛お送り下さい。送料小社負担でお取替致します。

印刷製本・大日本印刷

Printed in Japan
ISBN978-4-16-791896-5

文春文庫　最新刊

狂う潮　新・酔いどれ小籐次（二十三）　佐伯泰英
小籐次親子は参勤交代に同道。瀬戸内を渡る船で事件が

美しき愚かものたちのタブロー　原田マハ
「日本に美術館を創る」。"松方コレクション"誕生秘話！

偽りの捜査線　警察小説アンソロジー　誉田哲也　大門剛明　堂場瞬一　鳴神響一　長岡弘樹　沢村鐵　今野敏
刑事、公安、警察犬――人気作家による警察小説最前線

耳袋秘帖 **南町奉行と餓舎髑髏**　風野真知雄
海産物問屋で大量殺人が発生。現場の壁には血文字が…

仕立屋お竜　岡本さとる
腕の良い仕立屋には、裏の顔が…痛快時代小説の誕生！

武士の流儀（七）　稲葉稔
清兵衛は賭場で借金を作ったという町人家族と出会い…

飛雲のごとく　あさのあつこ
元服した林弥は当主に。江戸からはあの男が帰ってきて

将軍の子　佐藤巖太郎
稀代の名君となった保科正之。その数奇な運命を描く

震雷の人　千葉ともこ
唐代、言葉の力を信じて戦った兄妹。松本清張賞受賞作

紀勢本線殺人事件〈新装版〉　十津川警部クラシックス　西村京太郎
21歳、イニシアルY・HのOLばかりがなぜ狙われる？

あれは閃光、ぼくらの心中　竹宮ゆゆこ
ピアノ一筋15歳の嶋が家出。25歳ホストの弥勒と出会う

拾われた男　松尾諭
航空券を拾ったら芸能事務所に拾われた。自伝風エッセイ

風の行方　上下　佐藤愛子
64歳の妻の意識改革を機に、大庭家に風が吹きわたり…

パンチパーマの猫〈新装版〉　群ようこ
日常で出会った変な人、妙な癖。爆笑必至の諺エッセイ

読書の森で寝転んで　葉室麟
作家・葉室麟を作った本、人との出会いを綴るエッセイ

文学者と哲学者と聖者　吉満義彦コレクション〈学藝ライブラリー〉　若松英輔編
日本最初期のカトリック哲学者の論考・随筆・詩を精選